U0451408

自然与法律文库

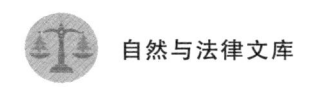

法国环境法

〔法〕雅克兰·莫朗-德维莱 著

张 莉 译

商务印书馆
The Commercial Press

Jacqueline Morand-Deviller
LE DROIT DE L'ENVIRONNEMENT
@ Que Sais-Je?/Humensis, Le droit de l'environnement, n^0 2334, 13th edition 2023, 1st edition 2003.
根据法国大学出版社 2023 年版译出

译者序

蒙田有句名言："我知道什么？"（Que sais-je ?）法国大学出版社以此命名了一套自1941年至今已经出版了4000多种、涉及不同学科的庞大丛书，每本均为各领域的泰斗级专家所写，囊括主题丰富，号称对所有问题都有答案，是全世界规模最大的纸质百科全书。本书便是其中之一。本书首版于1987年，目前更新到第13版（2023年）。著者雅克兰·莫朗-德维莱（Jacqueline Morand-Deviller）教授出生于1937年，是法国巴黎第一大学荣誉教授、法兰西骑士勋章获得者，著作等身。与其他教科书相比，本书的可贵之处在于其以极其精练、简明扼要的语言（实则充满大量背景资料）、丰富的案例引证、娓娓道来的逻辑顺序，为我们勾绘了法国环境法的轮廓，可谓"大家写小书"。莫朗-德维莱教授为第13版进行了颇为细致的修订和更新，使得本书具有鲜明的时代特色，增加了诸如关于法国最高行政法院要求法国政府履责的"世纪诉讼"判决等新近案例。此外，著者在大气污染防护章节着墨较多。

在引言中，莫朗-德维莱教授通过环境法是和解之法、"肥沃"之法、生命之法的判断，生动揭示了环境法这一虽然"诞生于紊乱"却"已建立功勋"的部门法在法国法律体系中所处的地位，也展示了目前法国法学研究对于环境法的认知，令中国读者耳目一新。莫朗-德维莱教授积极肯定环境法的意义的同时，中肯理性地提醒我们要避免过度的生态产业、避免将自然和历史古迹神圣化。莫朗-德维莱教授认为，环境法具有普遍意义，它赋予规则一种既冲击时间又冲击空间的雄心壮志，生态领土实际上超越了国界和时间（时空）的限制。环境法的普遍意义和根本性，促使国家将其目标和原则纳入宪法。环境法迫使法学家和法官转换思维方式，使客观法与主观法不再对立，从而摆脱了二元论，削弱了人类中心主义和生态中心主义之间的不休争论。此外，莫朗-德维莱教授还解释了环境法是一项系统之法（用整体方法对待自然生境、循环和平衡）和公民契约之法（知情、参与），认为环境法需要"解决法律确定性、复杂性与灵活性之间的微妙平衡"。

在随后的序言当中，莫朗-德维莱教授又向读者揭示了法国环境法的基本原则和关键设置，包括：宪法确认；环境是共同财富；知情、听证和参与原则；预防原则和谨慎原则；污染者付费原则；为了可持续发展的综合管理以及环境责任。对于一些新的原则（例如不退化原则）也有所提及。

正文部分第一章先介绍了环境法的渊源和主体。国际组织最早探索制定了有关环境保护的重要公约。欧盟法律渊源在法国和欧盟的其他国家环境保护中占据主导地位。它们要么直接适用，要么需要转换适用。国内环境法建立在单方控制的基础上：法律（lois）、规章（décrets）等位于法国法律金字塔的经典组成部分，现在已编入法国《环境法典》，同时，利用合同进行的规制正在取得进展。

在第二章"自然保护法"中，著者认为一种旨在保存生态系统和生物群落整体多样性的可持续管理逻辑正在发展，同样，一种"人、社会及其环境之间的命运共同体"的生态团结定律也正在发展。除了对物种的保护，还包括对风景名胜、景观、生态区域和自然栖息地的保护。

第三章关注遗产性环境保护以及农村和城市环境保护。著者介绍，"总体财产"这一民法中熟悉的概念——每个人都有总体财产——在公法中却有着不同的含义。它不是一种普通的财产或价值——不是所有的东西都是需要公法保护的财产，只有某些具有特殊利益的特定财产才具有这种资格。公共当局有责任对其进行记载、保护、开发，并将这一珍贵继承物传递给后代。第三章第二部分讨论了越来越受到环境问题影响的农村地区土地的保护和管理相关法律，而对环境的考虑在城市规划相关法律中已经变得越来越普遍。

第四章涉及污染和损害防治法。在法国，对污染和损害的防治由普通行政治安规则、公共秩序和为数众多的专门治安规则调整，包括中国环境法研习者耳熟能详的"分类设施"规则，等等。另外，法国法对水和空气等特别容易受到威胁的环境要素制定的具体规则也有进一步发展，废物处置和防止噪声污染也成为日益严格的规范性框架约束的对象。著者认为，与污染所做的斗争揭示了健康权（le droit de la santé）与环境法之间的密切联系。另外，污染和损害防治也同时推动了能源法和新兴的气候法的发展。

最后，著者虽然并未为国际环境法专辟一章，但是分散在不同章节中涉及国际环境法的相关内容。

奥古斯丁对幸福有228种定义，而环境法所注重的正是有关生命质量和人类"幸福"的所有问题。本书所阐述的许多观点，源于著者在环境法领域深耕数十年所获得的理解，对于中国读者认识和了解法国环境法是不可多得的入门指南。

作为译者，我在巴黎读博时与雅克兰·莫朗-德维莱教授结缘，相识已有一十六年。读博期间我孤身一人，老师是久负盛名的教授，却从未嫌我浅薄，常与我探讨问题，邀我去剧院咖啡馆，去她位于巴黎一区的家里吃饭。在我博士论文答辩时，老师担任答辩委员会主席，"扶上马送一程"，这种友谊一直延续到我工作之后。这些年里每次与老师见面、通话和邮件往来都给予我很多的帮助和启发。老师严谨耕耘，笔耕不辍，热爱工作，热爱生活，是我的楷模。然而，不得不坦诚地说，这本书虽部头不大，但翻译工作其实并不简单，横跨了疫情阶段，并且等法国最新版的出版又花费将近半年,所以翻译时间跨度较大,远超出了最初计划。在此,我也要感谢商务印书馆的王兰萍老师以及我的工作单位兰州大学,如果没有老师们的全力支持,这本书不可能面世。感谢无以言表!

无论如何,我愿意将这本译著小书奉献给读者。这本书看似论题庞杂,实则有着深厚的背景知识,勾勒出了一幅法国环境法的基本图景,援引的案例经典、丰富,期待对那些有兴趣深入了解和研究法国环境法的学者有所帮助。

张莉

2023 年 6 月 20 日

目　　录

引言 ……………………………………………………… 1
序言　基本原则 ………………………………………… 6
　一、宪法确认 ………………………………………… 6
　二、共同财富 ………………………………………… 7
　三、知情、听证、参与 ………………………………… 9
　四、预防、谨慎 ……………………………………… 10
　五、污染者付费 ……………………………………… 13
　六、为了可持续发展的综合管理 …………………… 14
　七、环境责任 ………………………………………… 16
第一章　法律渊源和法律主体 ………………………… 20
　一、环境法的渊源 …………………………………… 20
　　　1. 宪法 …………………………………………… 21
　　　2. 国际法渊源 …………………………………… 21
　　　3. 欧盟法渊源 …………………………………… 24
　　　4. 法律和法规（《环境法典》） ………………… 25
　　　5. 合同 …………………………………………… 26

二、主体 ·· 27
    1. 国际和欧洲组织 ·· 27
    2. 国家行政管理部门 ·· 28
    3. 地方政府 ··· 30
    4. 民间组织（协会和企业）······························· 31

第二章　自然保护法 ·· 35
一、保存自然遗产 ··· 36
    1. 保存生物多样性 ·· 36
    2. 保存物种 ··· 40
    3. 狩猎和渔业法 ·· 42
二、保护自然空间 ··· 47
    1. 森林保护 ··· 47
    2. 山区保护 ··· 50
    3. 海岸线保护 ·· 53
    4. 其他保护措施：名胜、公园、保护区 ············· 58
    5. 生态系统保护 ·· 66
    6. 预防自然风险 ·· 69

第三章　遗产性环境保护，农村和城市环境保护 ············· 71
一、城市建筑遗产法 ··· 72
    1. 历史古迹 ··· 72
    2. 周边的保护 ·· 75
    3. 不动产修复和城市保护区域 ·························· 76

4. 建筑、城市和乡村遗产保护区和著名遗产遗址 ········· 77
　二、环境法和农村法 ······································· 77
　　1. 农村地区的生态性管理 ································ 78
　　2. 农业活动所受的威胁 ·································· 79
　　3. 农业活动造成的威胁 ·································· 81
　三、环境法和城市规划法 ··································· 83
　　1. 环境和土地利用规划 ·································· 83
　　2. 环境和实施性城市规划 ································ 85
　　3. 环境和城市规划许可证 ································ 86
　　4. 战略环境影响评价 ···································· 87

第四章　污染和损害防治法 ································· 88
　一、分类设施法 ··· 88
　　1. 分类设施的不同类别 ·································· 89
　　2. 监管和预防 ·· 92
　　3. 制裁和诉讼补救措施 ·································· 95
　　4. 核安全和基础核设施 ·································· 97
　二、水的保护和管理 ······································· 99
　　1. 水资源的管理和整体保护 ····························· 100
　　2. 个人使用控制 ······································· 105
　三、大气污染 ·· 107
　　1. 国际法律规范 ······································· 108
　　2. 国内法律规范 ······································· 109

3. 服务于应对气候变化的市场 …………………………… 110
4. 气候正义 ……………………………………………… 112
5. 能源转型和可再生能源 ………………………………… 113

四、噪声防治法 …………………………………………… 114
1. 环境噪声防治 ………………………………………… 114
2. 陆路运输和航空运输基础设施周围的噪声防治 ………… 116

五、废弃物的消除 ………………………………………… 117
1. 不同类型的废弃物 …………………………………… 118
2. 规划和规制：增值 …………………………………… 119
3. 责任 …………………………………………………… 121
4. 减少浪费和循环经济 ………………………………… 121

六、环境法和健康权 ……………………………………… 122

总结 ………………………………………………………… 124
参考文献 …………………………………………………… 126
案例表 ……………………………………………………… 128

引　　言

　　何谓树？树者，首先乃高耸入云的枝叶和深入地下的根系的某种平衡……正如，发现没有，当你越想提升自己，你就越需要脚踏实地。每棵树都这样告诉你。

　　　　　　　　　　　　　　　——米歇尔·图尼埃，《松鸡》

　　诞生于紊乱之中的环境法虽刚刚成年，却已建立功勋：成为一项团结与和解之法，无论其有多不完美和不完备。

　　环境法是和解之法。许多法律文件赋予环境保护在世界上建立和平的使命，值得注意的是，环境法已经与它的主要竞争对手之一，经济发展类法律实现了和解。"停止增长！"这一在20世纪60年代由罗马俱乐部和知名学者发出的警告，现已无必要，如今再没有人反对这样一种观点：环境保护，非但没有阻碍经济发展，反而是其最出色的驱动之一。至于环境保护是富国才能享有的一种奢侈这一论点，也已不再具有说服力。

　　然而，我们也必须避免过度的"生态产业"（ecobusiness），发展必须通过变得"可持续"而获得尊重——"可持续发展"这一概念将经济发展、环境保护和社会保护这三大支柱紧密地联系在一起。

环境法具有普遍意义,它赋予"规则"(暗指法律)一种既冲击时间又冲击空间的雄心壮志。为了地球村的利益,僵化的国界被打破(在1972年斯德哥尔摩会议上,年轻的环保主义者呼吁:"我们只有一个地球!"),生态领土的范围超越了国界。环境法也必须适应时光的流逝。过去的记忆和那些错误,促使现在必须把目光投向后代,而对于短期治理熟稔的政治,也必须学会尊重时间的要求和拥有先见之明。

环境法是"肥沃"之法。长期以来,它被认为是一个边缘化的跟随者,却在很短的时间内,使人们接受它是如此根本,以至于其目标和原则已纳入许多国家的宪法,并得到其所辐射的其他法律的承认,使后者向正在孕育中的基本真理开放,并赋予其生命:环境法是助产之法。

环境法是不同的科学领域和不同的法学分支之间的联合法。它的研究不能脱离生物学、物理学、化学、地理学、社会学、民族学、经济学以及社会团结(又名社会融合)、公法和私法、国内法和国际法,虽然各学科有其自身经久不衰的奥秘和特点。

环境法是生命之法,它为自然法提供了一种新的诠释。它要求追溯到初始原因——海德格尔说:"起源就在我们面前"——这超越了功利主义和实用主义,以尊重生命的逻辑。关于自然法的好的旧理论经过演变,摆脱了其概念枷锁,转而服务于与生命密切相关的具体概念——生物多样性、生物伦理学、生态系统、物种的保存和永续。

环境法迫使法学家转换思维方式。它将对主要基本原则的诠释学解读与对日益技术化和精确化规则的实证主义解读相结合,而人类中心主义(只有人类——而不是自然——才享有权利)和生态中心主义(自然本身也有权利)之间的争论正在减弱,因为很难否认自然权利与人类权利的不可分割性。环境事业的首批胜利成果之一就是揭示了人与自然是多么密不可分、休戚与共,同时二者又是敌人,因为人类超越了地球物理力量,成为地球变化的主要来源;我们进入了"人类世"(anthropocène)时代。

环境法是系统性法律。政治生态学对政治经济学提出了质疑,它提出了以一种整体的方法来对待自然生境、循环和平衡,它们不断受"熵"(entropie)的威胁,但却从其分解中汲取了重生的元素。法律规则必须适应已成为优先事项的关键问题,诸如生物多样性、生态系统和全球变暖,并预见到日益受到威胁的脆弱平衡被破坏的风险。

公众已经意识到,科学进步所取得的成就虽然令人瞩目,但是如果不加以控制,也是对物种生存和人类健康的威胁。媒体大肆报道的生态灾害和健康风险已成为法律迅速发展的推动力。"光揭发是不够的。我们现在必须亮明观点"——埃德加·莫林(Edgar Morin)如是说,此为解构后的重建。

环境法是公民契约之法,要求权利的同时也要履行义务。

第三代人权正在形成:继"的"(de)权利(《1789年人权宣言》中的抽象权利)之后,是"到"(à)权利[1946年《宪法》序言中的受益权(droits-créances)、经济权利和社会权利],我们的时代将是"为"(pour)权利的时代[《更普遍的团结权》(droits de solidarité plus universels)]。《环境宪章》总共十条,规定的义务多于权利,这一点意味深长。生态责任是一个不断发展的概念,涉及公权力机关、私营企业和所有公民。对于公民来说,他们必须从童年就接受环境教育以培养其对生态责任的敏感性,但目前这种教育依然太过薄弱。

环境法必须解决法律确定性、复杂性与灵活性之间的微妙平衡。科学家务必保持谦逊,越来越多地将不确定性纳入所谓的精确科学中。虽然智者可以轻而易举得出结论"我唯一能肯定的就是事物的不确定性",但对法学家来说却更有难度:其必须将此类不确定性和确保法律安全与稳定的责任相协调。

当启蒙运动寄希望于人类作为"自然的主宰者和所有者"的理性时,这项任务是容易的,因为人获得了所有权的保障。在21世纪,法学家的任务则更加艰巨。大自然与科学进步之间的关系相当复杂,当对其类型化的时候,会发现她其实是任性多变的、有风险的和不可预测的。法律必须以新的方式处理此种不确定性,并重新审视旧的原则,使之适应条件变化的即时不可知性,环境法的预防原则应运而生。这不仅仅是一个柔性或灵活性的问题,也是一个前瞻性和谨慎性的问题。法律甚至必须学会如何控制偶然和不利的情况,正如我们常说的"意外之喜"(la sérendipité)①。

本书将首先介绍环境法的主要原则,然后介绍其实定法(droit positif,又称"人为法")的渊源,试图从这一连贯性和可理解性并不总是显而易见的、密集而又难以捉摸的法律体系中找出其基本规定。

环境是一个"变色龙式"的概念,位于过于狭隘的本义——保护自然和过于概括的方法之间:她注重的是有关于生命质量和人类幸福的所有问题——圣奥古斯丁(Saint Augustin)曾对"幸福"一词作出228种定义。环境法的适用范围有限,包括自然保护法(第二章),污染和损害防治法(第四章)。它渗透、影响、改变城乡空间政治和文化遗产的整治(第三章)。在展开这些论述之前,将先介绍服务于环境法的政治和行政机构设置(第一章)。本书并未为国际环境法专辟一章,而是在各章中分析其主要规定。

---

① 这句话来自东方故事《塞伦迪普三位王子的旅行和冒险》,指的是"通过机会和智慧发现自己没有注意到的事物的能力"。

序言　基本原则

　　土地不是我们从祖辈那里继承的,而是向我们的子孙们借来的。

——亚马孙印第安人部落箴言

　　"人人都有在过着尊严和幸福生活的优良环境里享受自由、平等和适当生活条件的基本权利,同时也有为今代和后世保护和改善环境的神圣责任。"著名的1972年《斯德哥尔摩人类环境会议宣言》在其首要原则中,将享有优质环境的权利提升到人权的高度。

一、宪法确认

　　长期以来,法国对在宪法上承认环境法的基本原则方面表现出一定程度的犹豫。法国最终于2004年通过了一部《环境宪章》,2005年3月1日宪法性法律将其纳入1958年《宪法》序言,这远远落后于1990年代诸多国家的"环境入宪"运动①。《环境宪章》共由十个条款组成,其中关于权利的有:"人人都享有在一个平衡的和不妨害健康的环境里生活的权利"(第1条),"获得与环境相关的信息,并参与制定会对环境产生影响的公共决定的权利"(第7条)。《环境宪章》还规定了许多义务:"人人都有义务参与保护和改善环境"(第2条),"对环境造成的损害作出赔偿"(第4条),"促进可持续发展"(第6条)。"预防原则"规定在《环境宪章》的第5条中。

宪法委员会(参见2008年6月19日"转基因生物案"判决)和最高行政法院(参见2008年10月3日"安纳西市镇案"判决)明确了"《环境宪章》规定的权利和义务都具有宪法效力,并对公共权力和行政机关在其各自职权范围内具有约束力"。

《环境法典》在2000年9月18日由法国议会授权政府以法令形式通过,以《环境宪章》所确立的原则作为开篇②。

二、共同财富

《环境宪章》宣布"环境是全人类共同财富"。这种广泛流

---

① 雅克兰·莫朗-德维莱(J. Morand-Deviller),《外国宪法中的环境》(L'environnement dans les constitutions étrangères),《宪法委员会新手册》(Nouveaux cahiers du Conseil constitutionnel),2014年4月,第43期。
② 本文中引用的条款如未特别指出,均为法国《环境法典》相关条款。

传的"共同财富"缺乏实际有效的射程,因其所授予的主体都是没有法律人格的实体,在这里表达为"人"(êtres humains),在那里为"人类"(humanité),或者是"民族"(nation)。海底、天体、人类基因组被划为"人类共同财富",领土、水(《环境法典》第L.210-1条)、"自然空间、自然资源和自然生境、名胜和景观、空气质量,动植物物种,其所贡献的多样性和生态平衡"(《环境法典》第L.110-1条),被列为"国家共同财富"。

这种推广其实更具有宣扬性,而非计划性,因为财富共有只有当财产无法开发并且没有人对其感兴趣的情况下才现实。海底和平流层就是这种情况。当科学进步使对其开发成为可能时,各国会迅速将其占为己有,而从资源开发中获取的利润各国却并不打算拿来共享:公共无线电领域就是这种现状,国家对其享有所有权,通过颁发占用许可证而获取可观收入。如果在南极的底土发现天然气或石油矿层,南极的地位会怎样?共同管理唯一有效而且成功的例子,是对被联合国教科文组织列为"世界文化遗产"的管理,但它又不涉及财产所有权。

随着"环境共有物"(biens communs environnementaux)概念的发展,这种争论正在重新展开。环境共有物中的一些资源,如水资源和森林资源,由于其可预见的稀缺性,以及出于商业目的对其过度开发,催生了主张公平分享和开发以造福于所有人的"替代全球化运动"(mouvements altermondialistes)。对法学家而言,这并不是可能带来浪费的"无主物"(*les res nullius*)概念的回归,而是一个服务于"社会团结"(la solidarité)的"共有物"(la res communis)概念的小心回归,而后者,是环境法的一个旗舰概念。2020年1月31日宪法委员会的一项判决将保护环境共有物作为一项具有宪法价值的目标,加强了其效力范围。

三、知情、听证、参与

自从1978年法律使法国政府部门在对待保密的看法问题上作出让步以来[可参见"行政文件查阅委员会"(Commission d'accès aux documents administratifs, CADA)这一角色所发挥的作用],知情权和信息透明度得到了广泛承认。在环境领域,这项权利在国际层面(1992年《里约宣言》第十项原则和欧盟法律文件)和宪法层面都得到了承认(《环境宪章》第7条)。

听证(concertation)是指由政府组织的政府与公民的碰面和辩论。听证有时是强制性的(例如对于由市镇当局组织的关于城市规划项目的听证)。在大多数情况下,听证是可选择性的,而且有时取得了成功,例如在关于环境的《格雷尼勒1号法》(Grenelle 1 de l'environnement)(2009年8月3日法律)的准备阶段,就将最重要的参与主体平等地纳入其中:国家、地方政府、企业、联合会(syndicats)、非政府组织——所谓的"五方之治"。随着《公民气候公约》的签订,听证制度得到了新的发展。借鉴了爱尔兰做法而设立的"国家公共辩论委员会"(Commission nationale du débat, CNDP)由 150 人组成,在 2019 年 10 月至 2020 年 6 月期间举行了 7 次会议,向政府提交了若干调查结论,其中一些调查结论最终被采纳。设立国家公共辩论委员会的目的,并不是为了建立更广泛的对话。作为一个独立的行政机构,其职责在于向对环境有重大影响的开发项目提出建议。自 1995 年国家公共辩论委员会成立以来,已经组织了大约 100 次关于公路、铁路和港口项目的公开辩论。

参与是公民参与决策的一种更高的层次,正如著名的《奥胡斯公约》①所竭力倡导的那样,参与要与知情相结合("唯有知情,才可参与")。法律对参与的具体可操作形式做了如下规定(《环境法典》第 L.124-1 条及以下):在线提供决定草案及其介绍性说明,公众发表意见的期限,留给政府研判和接纳这些意见的期限和对最终选择方案进行的总结和解释。

四、**预防**、谨慎

预防程序的建立不是为了如何应对损害,而是为了应对威胁本身。根据通俗智慧,即"防患于未然"。这一原则很早就被

---

① 1998 年 6 月 23 日在丹麦奥胡斯签署的关于在环境问题上信息透明度、公众参与权和获得司法救济的公约。

国际法承认（1941年加拿大和美国之间因加拿大硫排放对美国农民造成损害的"特里尔钢厂案"的仲裁裁决）。该原则被纳入欧盟法，并在法国《环境宪章》中得到重申："每一个人，在法律规定的条件下，都应当预防其自身可能对环境造成的损害，或者，如果未能预防时，应当限制损害带来的后果。"(《环境宪章》第3条)

预防是为了防止可能的损害的发生，如果说损害只是可能的，那么风险却是确定的。

它依据的是事前的"环境影响评价"，由1976年7月10日的法律引入。环境影响评价旨在评估规划、工程或作业就其性质、规模或位置而言，可能对环境或健康产生的显著影响(《环境法典》第L.122-1条及以下)。欧盟指令规定了一些新的限制，法院审查环境影响评价中至少应包括的内容的遵守情况：对选址初始状态的分析；直接或间接环境影响分析；在众多方案中选择该项目的原因；为减少或消除有害后果而准备的预案；对用于评估该项目环境影响的方法的分析(第R.122-5条)。在环境普通法规定的特定条件下，环境影响评价的不充分可能会导致项目的临时中止。在联合国框架内，1991年2月25日的《埃斯波公约》(La convention d'Espoo)涉及跨国界的环境影响评价问题。

环境影响评价是一种将环境纳入领土整治计划及城市规划文件编制的手段。它使得决策者用以作出选择的信息更加明白,并要求他们采取一定措施以避免、减少和弥补项目对自然环境的影响。

为了回应负责环境影响评价的工程负责人倾向于吹嘘其项目优点的批评,规定由环境行政机构代表环境部进行干预,以评估该环境影响评价并提出意见。

谨慎原则(principe de précaution)则更具创新性和"干扰性"。虽然它和预防原则相比具有相同的目的:在上游采取行动以避免潜在的损害,但谨慎原则却是在风险不确定(怀疑和未经证实)时就进行干预。在国际法和欧盟法层面早已有之,法国 1995 年 2 月 2 日法律采用了谨慎原则,之后,尽管遭到一些反对,谨慎原则还是被纳入《环境宪章》(第 5 条)[①]。谨慎原则直接适用,但其效力范围有限,因其只对公共权力机关有约束力,且环境受到的影响必须是"严重和不可逆转的",所采取的措施只能是预先的(等待新的科学认知),而且是相称的。

被其目的所吸引——预见和试图控制偶然——公共权力机关谨慎应用此项原则,法官通过个案明确其适用范围。因此,就有了最高行政法院 1998 年 9 月 25 日的第一个判例"法兰西绿色和平协会案",该案涉及某些转基因玉米品种;后来又扩大到核领域(参见最高行政法院 2006 年 8 月 4 日"CRILAN 案");后来扩大到健康保护和城市规划领域(参见最高行政法院 2010 年

[①] 如果损害的发生虽然在科学知识水平上不确定,但可能对环境造成严重和不可逆转的影响,公共当局应根据预防原则,在其职权范围内,确保实施风险评估程序,并采取临时和相称的措施,防止损害的发生。

7月19日"舒瓦瑟尔高地区协会案")和最高行政法院2011年10月26日"圣丹尼市镇案"(关于移动中继天线的安装);以及扩大到涉及"公共用途"相关案件,如最高行政法院2013年4月12日"拒绝中继天线协会案"(关于高压电线路)。

"谨慎"(précaution),这让人想起罗马法古老的"审慎"(prudentia)概念,这是一个非常适合我们这个时代不确定氛围的概念,与前几个世纪相比,这个时代对人类和进步的自豪感较低。但是,在许多方面,其批评者抨击它害怕冒险,会阻碍科学进步和创业精神,而事实恰恰相反。

五、污染者付费

"污染者付费"原则,以默示的形式写在《环境宪章》中(第4条),指的是与污染防治措施有关的费用应由污染者承担,而不是由集体来承担。这是一种补偿和预防逻辑下的"成本内部化"(internalisation des coûts)。《单一欧洲法案》(Acte unique européen)和1995年2月2日的法律明确提到这一点,而《环境宪章》则只有一条更为模糊的规定:"任何人都应该在法律规定的条件下,为其对环境造成的损害作出赔偿。"(《环境宪章》第4条)

该原则的实施主要基于污染税("生态税")和各种补偿机

制。在法国,这些税收成倍增加。1999年,其中一些被合并为"一般环境污染附加税"(taxe générale sur les activités polluantes, TGAP)。美国在温室气体"可交易的排放许可证"(permis d'émission négociables)方面的经验,即一种在全球范围内建立排放和配额交易市场的巧妙方法,已被引入法国法律(见下文)。此举也激起了一些负面看法,有人认为这是将"污染者付费原则"变为"付费者污染原则",给予工业生产者有偿污染的权利,对这一批评还需区别对待。

六、为了可持续发展的综合管理

可持续发展(développement durable)也称"持续发展"(développement soutenable),该概念是由经济学家构想出来的,以抵制那种不惜一切代价的增长模式。可持续发展概念诞生于1960年代末,伴随着酸雨或水污染等跨界环境问题的出现而产生。1987年,《布伦特兰报告》给其下的定义已成为经典:"(可持续发展是)在不损害子孙后代满足自身需要的能力的情况下,努力满足现代需求的发展。"

它关注三个相互关联的目标:经济发展、社会进步和环境保护。这一原则被众多国际公约所确认(例如《里约宣言》原则3),并在法国被1995年2月2日的法律和随后的《环境宪章》

序言和第6条所强调①。遵守这一原则需要：应对气候变化和保护大气层；保护生物多样性，保护环境和自然资源；维系代际和领土间的社会凝聚力和团结。

经济法和环境法之间的合作正在取得进展。环境法"经济工具"（环境税、环境商品市场）的增多，伴随着的是环境目标正在深入当代经济的核心（财产法和债法、自由贸易协定、投资协定、审慎规则、国家援助等），不仅作为已宣布的经济权利和自由（财产权、企业自由、货物和服务以及资本的流动自由）的例外，而且越来越多地作为其所追求的目标的一部分。

可持续发展的概念无疑已经变得平庸化，可被视为一种公告效应，其有效范围并没有达到其所宣称的那样。但它迫使决策者比过去更加认真地去进行评估、预测和总结。

"整合原则"（principe d'integration）由《欧盟运行条约》（TFEU）第11条确认，要求其成员国将环境纳入所有公共政策：运输、城市规划、农业、能源等，无论是规制还是监管。《公共采购法》要求在采购的过程中必须考虑整合原则，以确定最有利的报价。

2016年《生物多样性法》引入了一项新原则，即"不退化原则"（principe de non-régression），根据该原则，"与环境有关的法律法规只能根据当前的科学和技术知识持续改进（不能倒

---

① 公共政策应当促进可持续发展。为此，应考虑环境保护和发展，并使之与经济发展和社会进步相协调。

退)"。这项原则的效力范围有待澄清,但最高行政法院在关于环境影响评价方面的两个判决中均认可了此项原则(参见最高行政法院2017年12月8日判决和2021年7月9日有关于飞机夜间飞行的判决)。

七、环境责任

环境责任是一般行政责任法的一部分。但是,环境诉讼是复杂的,由于环境损害很少是直接的、确定的和个人的(通常是间接的、分散的和集体的),这使得环境损害的证明和赔偿变得困难。此外,诉讼当事人众多,使得诉讼数量增多,审判周期变长。①

近年来,环境法继续发挥丰富其他法律的作用,它引导立法者和法官来推动侵权责任法的不断演变。在核领域(1968年和1990年的法律)、海上石油排放(1977年和1998年的法律)、瑕疵产品(1998年法律)等领域,部门责任法律制度成倍增加。

判例法在几个领域取得了进展,特别是出现了所谓的"预防责任",要求行政当局"谨慎"地预测和采取行动。涉诉利益扩

---

① 在"阿摩哥·卡迪兹号(Amoco Cadiz)案"中,利比亚油轮由一家美国公司拥有,有意大利船员,在英国投保,拖船是德国的,建筑工地在西班牙,受害者在法国。审判于1992年结束,赔偿总额为12.7亿法郎。至于日本水俣湾的居民,他们在1959年因工业汞排放而中毒,直到2010年,也就是五十多年后,诉讼才结束。

展到集体诉讼,扩展到地方政府对国家的诉讼,但与某些先锋国家不同的是,法国法院尚未承认代表后代提起诉讼的年幼未成年人的代际利益。行政部门有保持警惕的义务(obligation de vigilance)(参见最高行政法院2011年4月8日判决),对"错误的失责行为"(carence fautive)的惩罚越来越严格,而对因果关系方面的要求越来越降低。

对受害者的快速赔偿成为一项优先事项,在损害扩大和极其严重的情况下,可以通过赔偿基金机构请求国家援助,例如与重大自然灾害、石棉和石油污染等有关的基金。

环境法律责任方面最显著的进展体现在损害评估和全新的气候争端领域。只有人和财产才有权获得赔偿的定律近年来受到了质疑。重大的生态灾害,如石油泄漏引发的"黑潮",对人和财产,尤其是对自然本身造成损害,是一种影响深远的演变。在1999年"埃里卡"号油轮沉没案的著名判决中,法国最高法院首次承认"纯生态损害"(参见2012年9月25日法国最高法院刑事判决)。这艘归意大利船东所有的老油轮由道达尔公司租用,污染了近400公里法国海岸[①]。随后立法者在2016年8月8日《生物多样性法》中规定了纯生态损害责任。另一个独创性是:优先以实物形式进行赔偿,包括对污染环境进行修复——在损害不可逆转的情况下,金钱形式的赔偿的确难以弥

---

① 航运链中所有参与者:船东、技术主管、控制公司和道达尔石油总公司都被追究了刑事责任。

补。法院对机会的丧失、精神伤害和焦虑这类损害予以认可。

另一个显著进展是"气候责任"。在"世纪诉讼"中,这一"错误性失责"(la carence fautive)刚刚得到承认。在注意到法国政府拒绝采取"一切必要措施,以最低限度地履行法国在国际和国家一级就减少温室气体(GES)所作的承诺"之后,最高行政法院命令其在短时间内作出调整(参见2020年11月19日"桑特市镇案"判决)。最高行政法院判决"生态损害"须以实物赔偿(réparation en nature)①。在许多国家,气候诉讼正在成倍增加。长期默默无闻的"气候司法"正在蓬勃发展。

已完全参与到可持续发展中的后现代企业,负有生态责任。2001年,欧盟发布了一份绿皮书,突出强调"**企业社会责任**"(RSE):"企业自愿将对社会和环境问题的关切纳入其商业活动及其与利益攸关方的联系中",并制定了伦理道德规范、评级和认证措施(参见ISO标准)。

一个新的法律领域正在发展:环境民法及企业在与环境破坏的斗争方面达成的自愿和共同的承诺,有效地满足了"社会团结"的要求。

对刑事惩戒效率低下的批评——调查和取证的时间过长,评估损害和赔偿方面存在困难——也得到了回应。2016年《生物多样性法》加强了处罚力度,并设想进行改革:利用一般刑事

---

① 最高行政法院2021年8月4日判决法国政府向一个负责环境事务的公法人(une personne publique)支付1000万欧元的巨额罚款。

定罪,例如"对他人造成危险"的犯罪设立一项具体的"生态犯罪"罪名。为使国家承担更多责任,有些人甚至考虑将国际刑事法院(CPI)的管辖权限扩展到危害环境的犯罪,或设立一个国际环境法庭,但这些计划尚未达成共识。

第一章　法律渊源和法律主体

> 我们对自己征服的负责。
> ——圣-埃克苏佩里(Saint-Exupéry)

国际组织率先探索制定了有关环境保护的重要公约。在法国和欧盟的其他国家,欧盟法律渊源在环境保护中占据主导地位。它们要么直接适用,要么需要转换为国内法适用。国内法建立在单边监管的基础上:法律和规章,现在已编入《环境法典》,利用合同进行的规制正在取得进展(下文第一部分)。至于环境法律主体,环境保护在很大程度上仍然是一项国家事务,与城市规划法不同,权力下放的程度仍然很低。知情权和参与权的不断发展形成了市民社会,进一步组成了协会,协会是为环境利益而战的主要力量,而且今后企业本身也对环境保护负有责任:曾经以公法为主的环境法正在进行着私法化(下文第二部分)。

一、环境法的渊源

环境法的渊源排列在富有法国特色的法律金字塔中,在这个金字塔中,与大多数国家不同的是,宪法被认为优先于国际公约(参见最高行政法院 1998 年 10 月 30 日"萨兰案")。

1. 宪法

如前所述,环境法的基本原则现已纳入宪法,这一成果是根本和不可逆转的:存在着"环境宪法"。《环境宪章》甫一颁布,整个法院系统随之作出了相关判决,合宪性优先审查机制起到了推波助澜的作用。鉴于《环境宪章》的宪法价值和效力范围已得到确认,最高法院在对其作出解释时享有一定程度的自由,以确保其充分效力。例如,宪法委员会根据《环境宪章》第 1 条和第 2 条推导出了一项"警惕义务"(obligation de vigilance)。除了在判例方面活跃之外,立法方面也相当活跃,因为立法者须对现有法律文本进行"宪法化":例如,《矿业法》的修订不得不纳入《环境宪章》的原则,这些原则以前常常被忽视。

2. 国际法渊源

环境法的国际法渊源占有重要地位。国际公约,虽然并不总是具有直接效力,但是规定了法官要遵守的目标。至于欧盟法律,其中大部分具有直接效力,构成了欧盟成员国环境法的主要渊源之一。

（1）宣言（déclarations）。对环境的考虑首先在国际层面表现为庄严的国际宣言，虽没有直接约束力，但其推动作用如此之大，以至于其中所载的指导方针后来转化为诸多行动和公约的具体内容。

其中有两个宣言尤为杰出。首先是1972年6月由联合国代表大会倡议下发表的《斯德哥尔摩宣言》，以及该宣言的一些著名承诺：人类"是环境的产物，也是环境的塑造者"，人人"都有在过着尊严和幸福生活的优良环境里享受自由、平等和适当生活条件的基本权利"，同时也负有"为今代和后世保护和改善环境的神圣责任"。

另一个是20年后的1992年《里约宣言》。该宣言将"可持续发展"作为21世纪的中心概念，并确定了可持续管理地球资源的27项主要原则。该宣言得到了一份方案文本的补充，该文本规定了各国应实现的目标：21世纪议程。

虽然这些宣言对各国没有约束力，但是其具有强大的推动作用，很少有国际准则会不尊重其确定的目标。国际宣言在大多数情况下，往往能够得到各国的一致支持，而对条约来说并非总是如此：一些国家没有批准条约，而且对不遵守条约的行为也缺乏有效的惩罚。不幸的是，我们看到，这些宣言在某种程度上失去了动力，因其几乎没有创新，有时还在倒退。例如2012年的"里约+20峰会"（有人也称之为"里约负20"）。

（2）国际条约和国际公约。其数量众多，早在19世纪就已经出现了。例如1883年《海豹毛皮公约》。它们中有些是具有普遍性的,也就是说,对所有国家开放,而且往往采取"框架公约"的形式,例如1997年在京都签署的《联合国气候变化框架公约》。

大多数公约都是区域性的,在有共同利益的国家之间缔结,如1999年在伯尔尼签署的《莱茵河保护公约》(Convention sur la protection du Rhin)、2003年在马普托签署的《非洲自然资源公约》(Convention africaine sur les ressources naturelle);或者是具体的,例如联合国教科文组织签署的关于文化、自然和非物质文化遗产的公约、1971年《拉姆萨尔湿地公约》(Convention de Ramsar sur les zones humides)、1994年《荒漠化公约》(Convention sur la désertification);或者是程序性的,诸如1998年在奥胡斯签订的《诉诸司法、信息和参与公约》(Convention d'Aarhus de 1998 sur l'accès à la justice, l'information, la participation)。

(3)国际判例。海牙国际法院除了1949年"科孚海峡案"外,很少审理大多数通过仲裁解决的环境案件。但现在情况发生了一些变化。海牙国际法院最近就厄瓜多尔对哥伦比亚(空中喷洒杀虫剂)和尼加拉瓜对哥斯达黎加(修建一条公路)的诉讼作出判决(海牙国际法院,2015年12月16日),以及就澳大利亚关于日本捕鲸的诉讼作出判决(参见海牙国际法院,2014年3月31日)。

3. 欧盟法渊源

欧洲理事会很早就在环境问题方面主动采取措施。

欧洲理事会是一些重要公约的来源,例如1979年在伯尔尼缔结的《欧洲保护野生动物和自然栖息地公约》、1993年在卢加诺签署的《关于危害环境活动造成损害的民事责任公约》和2000年10月在佛罗伦萨签署的《欧洲景观公约》等。1950年签署的《欧洲人权公约》没有关于环境的专门条款,但斯特拉斯堡欧洲人权法院依据该公约第2条("生命权")和第8条(尊重私人和家庭生活的权利)作出有利于保护环境的判决。参见欧洲人权法院2004年11月10日"奥奇坎诉土耳其案"和2009年1月27日土耳其和罗马尼亚"塔塔尔诉罗马尼亚案"。

就欧盟而言,尽管环境问题没有被《罗马条约》考虑进去,但在1973年制定了不具约束力的行动方案,为未来几年制定了目标(参见2021—2030年第八个计划)。正是从1987年生效的《单一法案》(Acte unique)开始,环境成为欧盟若干其他政策的一个组成部分,并不可避免地渗透到欧盟法律中。《马斯特里赫特条约》和《阿姆斯特丹条约》加强了这种一体化趋势。

可以说,环境法的欧盟法渊源经历了从零到无穷大,从几乎什么都没有到应有尽有的过程。欧盟环境法律体系由不少于200个文本组成,与欧盟衍生法(droit dérivé)一起构成了国内法的主要来源。除了大量直接适用的欧盟条例(règlements)之外,欧盟指令(directives)的重要性也不断增强。欧盟指令规定了广泛的指导方针,让各国在选择方式上有一定的自由。参见最高行政法院1992年2月28日"乐富门股份有限公司案",国家有义务将指令转化为国内法,而最高行政法院(参见1989年2月3日的"意大利航空公司案")判决废除违反欧盟指令的国内法规;不符合欧盟指令目标的国内法,如果没有在期限内完成转换,会被法官撤销。

法国曾经常被称为欧盟不听话的"坏学生"之一。其对1979年《关于保护野生鸟类的指令》(以下简称《鸟类指令》)和1992年《关于保护自然栖息地和野生动植物的指令》(以下简称《栖息地指令》)的转换大大超出了规定期限。这种迟滞较之以往得到了较好的控制。然而,法国再次因不遵守欧盟衍生法律而受到欧盟法院(CJUE)的指控:2013年和2014年,法国因不遵守欧盟《硝酸盐指令》和《农业污染指令》而被起诉,原因是在施播农业肥和氮肥方面的管理措施不足;2016年因不遵守《城市污水指令》而被起诉;2018年因狩猎行为被催告履行;等等。

4. 法律和法规(《环境法典》)

《环境宪章》通过之后,《宪法》第34条随之得到补充,赋予议会制定环境法基本原则的权力。《环境法典》的立法部分于2000年以法令形式通过。2005年至2007年,《环境法典》的行政法规部分获得通过。《环境法典》包括七卷:共同规定,物理环境,自然空间,自然遗产,污染、风险和损害的防治,海外省和南极洲。

5. 合同

长久以来,环境法一直是一项通过单方行为表达的管制法(droit de réglementation)和行政治安法律(droit de police administrative)。现在,它越来越倾向于采用一种新的、不那么单边、不那么专制且总体上更有效的行政管理方式:规制(la régulation)。公共当局试图说服而不是强迫,仲裁而不是单独决定,说服代替了命令。激励性或协商性的干预形式正在发展,无论是公法人之间的合同:国家和地方政府之间的合同(河道清洁合同)、国家和公共机构之间的合同、海岸保护院和市镇当局之间的合同,还是公共团体与私营企业之间的合同,例如在水、空气保护和废物处理方面取得良好效果的"专门合同"。这一进展有助于"环境法的私法化",且有助于提升市场的新的重要性。在鼓励这一发展的同时,必须对其作出一些限制,否则会掩盖其可能导致环境法碎片化、不协调和互相抵触的风险。环境经济法离不开治安规则,况且规则的起草工作也不宜过于广泛地委托给那些受规制的对象。单边决定和强制,依然是环境法统一、协调和平等的法律保障。

二、主体

法国政府致力于为环境事务提供自治的政治和行政机构的愿景,可以追溯到1970年代,第一个环境事务独立机构被称作"不可能部",于1971年1月成立。环境事务在很大程度上仍然是国家事务,尽管在大区一级正在进行一定程度的权力下放。协会一直并将继续发挥其作为警惕的观察者和有益的参与者的重要作用,其中大多数为自愿无偿的。

1. 国际和欧洲组织

国际政府间组织(联合国教科文组织、联合国粮农组织、全球环境基金会)及数量众多的非政府组织:世界自然保护联盟(UICN)、世界自然基金会(WWF)、绿色和平组织(Green Peace)、地球之友(Les amis de la Terre)都在关注环境问题。斯德哥尔摩会议之后,联合国环境规划署(PNUE)成立,秘书处设在内罗毕。它负责环境监测,促进各国之间的合作,并每年向联合国大会提交活动报告。将其提升为一个拥有广泛权力和单独预算的真正联合国组织的提案,最终被"里约+20峰会"否决。

在欧洲层面,欧盟委员会设有一个环境总局,并于 2010 年增设了一个气候行动总司。欧洲环境署向各成员国提供科学和技术帮助。

2. 国家行政管理部门

(1) 自然和环境保护部

这是其第一个名称。之后其命名也不停变化,以适应其所分配职能的变化。

问题在于,环境事务是否最好由一个自治的部来管理——这是最常见的情况,还是最好将环境事务纳入一个更广泛的部里(将土地整治和环境等敌对-兄弟部门合并)。合并的好处是能更好地整合部门政策,自治的好处是加强该部的制衡作用、独立性及其行动的明确性。

该部的名称因一些时兴概念和职责分工而一直在变,"生态转型和团结部"取代了此前的"生态、可持续发展和能源部"。除了主要的中央局外,还设有一个总理事会和一个环境管理局向部长汇报工作。

(2) 理事会

鉴于环境问题本身的技术性,在这个领域,"多元会议制"(La polysynodie)特别发达。用以作出决策的理事会成倍增加,公共办事机构和部门也是如此①,如国家林业局、海岸和湖岸空间保护局。环境和能源管理局拥有广泛的职权范围,包括废物处置(不包括放射性废物和战争废物)、土壤污染、交通运输、空气质量和噪声问题。

在卫生领域,设立了法国国家食品、环境和劳动卫生安全局(ANSES)。一些致力于环境工作的机构被赋予了独立行政机关的地位:例如机场噪声污染防治局、核安全局、国家公共辩论委员会。

(3) 专家

上述机构的增多与科学专业知识的增加相对应。在如此纷繁复杂的环境事务中,首先是行政部门介入,然后是法官,他们在作出判决之前必须求助于专家。专家除了发表不具约束力的意见之外看似并无其他权力,但实际上,一些对他们来说显而易见的理由可能会对不知情的人产生决定性影响。专家交锋(如在转基因生物、移动通信、全球变暖的风险等问题上)的优点在于清楚地强调风险的不确定性,并鼓励在决策中谨慎行事。有关专家无相关规定,问题出在他们的权限和独立性上。

---

① 例如,经济、社会和环境理事会、预防技术风险高级理事会、国家生态转型理事会和国家生物多样性理事会、名胜景观和景色高级委员会以及国家自然保护委员会。

3. 地方政府

用皮埃尔·普雅德(R. Poujade)的话来说,"行政脱衣舞"使得多个部进行了分拆,以便于给环境事务提供独立的服务和权能,但这种分拆并未完全扩展到地方一级。机构的权力下放和地方政府的分权虽然有限,但仍然稳步发展。

（1）权力下放

权力下放表现在大区一级。2009 年新成立的大区环境、发展和住房局由三个局合并而成,作为公共政策现代化政策的一部分,该机构是国家和分散的地方政府之间传播信息、协调行动、鼓励进行规划和合同化的重要媒介。

同样的统一重组政策也体现在省一级设立的由省长管辖的"省际管理局"。省长是"省一级国家权力的托管人",其权力重大。他们肩负实施若干特别治安政策(polices spéciales)的任务:狩猎、渔业、水源、噪声、自然保护、核分类设施,以及批准众多方案:自然灾害预防方案、废物处理方案、省级采矿方案。

（2）地方分权

虽然国家仍然控制着大多数环境决策,但分权的地方当局负责协助实施这些决策。

市镇及市镇联合体在普通和专门环境治安事务(生活垃圾的收集和处理、水净化、张贴广告)方面拥有重要的权限,与市长行使的公共卫生与安宁普通治安规则并肩作战。市镇在进行城市规划和城市更新方面有完整的权限,因此有义务将环境要求纳入其城市规划文件;例如将环境保护纳入"地方城市规划"(PLU)中的"规划和可持续发展计划"(PADD)。为了使自己的行动更加有效,市镇之间正在结成伙伴关系共同建造和运营污水处理厂,处理生活垃圾和回收废物。

省可以通过创建"敏感自然空间"来执行相关的保护政策(参见下文)。它们管理消防和救援部门,这些部门也负责"环境保护",省议会的意见在省一级决策中越来越起决定性作用。

至于大区,在环境事务方面的权限以前虽然有限,但目前也正在发展。大区对大区自然公园和自然保护区拥有重要的权力(见下文)。大区可以请求国家将某些规划的责任移交给它们,并制定大区战略。"国家-大区项目合同"在环境问题上地位越来越重要。

2003年3月28日的宪法改革赋予地方政府于最适合在地方一级实施的事项上作出决定的权力(辅助性原则),可以要求国家授权其试验新的职权,特别是在环境领域。

4. 民间组织(协会和企业)

(1)结社现象

"人人有义务参与保护和改善环境"(《环境宪章》第2

条)——环境事务是"所有人的事"。在知情和鼓励参与的情况下,公民是环境保护的主要行动者。为了维护主张,他们往往选择成立协会,这些协会在城市规划和环境领域非常活跃(大约有 15000 个协会致力于环境保护)。

协会是与公共当局对话之条件得天独厚者。协会收集和披露信息,参加国家或地方一级的协商程序,并在必要时将自己的要求诉诸法庭。虽然它们发起的抗议行动有时激烈而旷日持久、引发关注[1],但这些溢出行为不应掩盖其为实现公共利益而采取的那些更谨慎的自愿行动。环境保护在很大程度上要归功于它们的行动,包括诉讼。由于法官不能自行审理案件,因此比个人更具代表性的协会被认为能够更好地捍卫环境事业。

因此,我们必须对近年来针对协会的批评保持警惕。这些批评指责其在一些糟糕诉讼中滥用司法程序,追求特殊利益和拖延亟需作出的紧急决定。为了遏制诉讼的急剧增多,针对证明程序和效率不足采取了各种措施:例如制定"接近性"标准(critère de proximité),限制提交协会章程的时间,对传统意义上的可诉利益的突破等。但幸运的是,被认为是最能代表公共利益的"认证协会",并没有受到这些改革的负面影响。

---

[1] 朗德圣母院机场项目事件(Affaire Notre-Dame-des-Landes)发起的示威活动持续了 10 年,2018 年建设计划最终被放弃。

（2）认证协会（Les associations agréées）

"认证"，是1976年法律规定的一种程序，旨在选择某些协会并授予其特定的权利。1995年2月2日的法律赋予经认证的环境保护协会独特资格，并扩大了其权限（第 L.141 条及以下）。其在诉讼中享有诉讼利益的推定，并可就"直接或间接损害其维护的集体利益的事实"向刑事法院提起民事方面的诉讼请求。认证协会还可以为遭受单独损害的自然人提起"共同赔偿诉讼"。认证协会参加为数众多的咨询机构，可以向国家公共辩论委员会提出申诉。全法大约有54个认证协会。

许可证有效期为五年，可续期，由省长签发。认证的条件一方面是协会至少已存续三年，另一方面是"代表性标准"，基于三个方面考察：按章程运行，充分的组织保证，对环境有利的非营利活动。

（3）社会责任型企业（RSE）

长期以来，私营企业的盈利逻辑与环境保护毫不相干。然而，到了20世纪90年代，可持续发展的理念深入人心，尽管有阻力，企业不可避免地要将其作为企业目标之一。因此，许多大中型企业都做出了自愿承诺，承认其"对于社会产生的影响负有责任"（欧盟委员会的定义）。在这种"商业道德"中，对环境和健康的保护占有重要地位。

企业社会责任有许多益处，包括经济效益。"绿色"和"使命型"企业会赢得良好声誉，致力于创新，赢得新客户。法国是第一个要求企业每年发布一份年度报告说明其经营活动对环境和社会的影响的国家。现在,这种"非财务报告"为世界上大多数国家采用。国际标准化组织(ISO)规定了企业社会责任的指导标准,涉及良好商业惯例、透明度、尊重人权等。2020年2月10日的关于减少浪费和循环经济的法律(AREC)关注"洗绿问题"(greenwashing),该法旨在惩罚虚假的环境声明。

第二章 自然保护法

> 道法自然。
> ——老子

　　自然目前还是一个客体而非完全的主体,大自然是法律必须将其作为主要目的加以规范和支持的一项计划。生态学研究的是生物(生物多样性)与其自然生境(栖息地)之间的相互作用,既是人类的科学,也是自然之学。过去,人类与自然做斗争,试图征服自然;如今,人类必须尊重自然,而人与自然之间的密切联系导致了哲学家喜欢讨论的新生态秩序[①]。一种自然资源可持续管理的逻辑正在发展,旨在保存生态系统和生物群落整体的多样性,同样"人、社会及其环境之间的命运共同体"的生态团结定律也正在发展。除了对物种的保护,还需要加上对那

---

　①　特别见汉斯·乔纳斯(Hans Jonas)、弗朗索瓦·奥斯特(François Ost)、保罗·里科尔(Paul Ricœur)、米歇尔·瑟尔斯(Michel Serres)和埃德加·莫林的著作。另见 2008 年《厄瓜多尔宪法》规定的享有生命的权利(le droit au buen vivir),以及承认自然或生命之神(Pacha Mama)"充分尊重其存在、维护和恢复其生命空间"的权利(第 71 条)。

些被称作风景名胜、景观、生态区域和自然栖息地的空间的保护。

一、保存自然遗产

据称,在20世纪的几十年里,灭绝的动物物种与前两千年灭绝的一样多。1982年,联合国通过了《世界自然宪章》,而《关于生物多样性的里约公约》在其序言中指出,保护生物多样性,关系到保护动植物群落及其生境,是"人类共同关切的问题"。2010年签署的《名古屋议定书》更进一步作出了一项历史性承诺,即地球上所有国家之间共享地球遗传资源。更为现实的是,以"生态转型"(transition écologique)这一概念替代了"自然保护"的概念。

1. 保存生物多样性

(1) 战略、清单、规划

国家生物多样性战略(2011—2020)与"大区生态协同纲要"一样表现不佳,因此还采取了其他措施来维护生物多样性,特别是2016年8月8日的《恢复生物多样性、自然和景观法》。该法重申了预防原则,力求阻止生物多样性的丧失,规定了"行动方案",通过将水务局、国家公园管理机关、海洋保护区管理局和国家狩猎局合并为"国家生物多样性局",使得"行动方案"更为有效。

濒危动植物物种清单(第 L.411-5 条)委托自然历史博物馆编制,具有强制力。该清单提出设立"具有动物、植物、生态价值的自然遗产区域"(ZNIEFF)。清单本身并不具有法律效力,但判例承认其具有专业价值,并因此判定对 ZNIEFF 构成损害的建设或开发项目审批因评估错误而无效。据统计,全法约有近 18000 个 ZNIEFF,覆盖法国领土的 30%以上。

(2)绿线和蓝线

作为格内勒尔环境法案的旗舰措施,绿线和蓝线(TVB)旨在保存和恢复生态连续性,通过设立一些"生态走廊"的方式,使动植物物种能够自由迁徙,"确保其生命循环往复"。这是一个由大区生态协调纲要确定的陆地和水生生态连续性组成的网络。同时绿线和蓝线也是一种空间规划工具。城市规划文件领土协调纲要(SCOT)和地方城市规划(PLU)将其纳入,来协助确保水体的良好生态状况。

(3)"Natura 2000"网络

"Natura 2000"是根据野生动植物物种及其栖息地的稀有性或脆弱性而确定的,欧洲陆地和海洋自然遗址的整体网络。根据 1992 年 5 月 21 日的欧盟《栖息地指令》,每个成员国需挑选制定一份"具有欧盟重要性的遗址"清单,列明保存或保护稀有或受威胁自然栖息地的"特殊保护区"(ZPS)(L.414-1条),例如根据2009年11月30日欧盟《鸟类指令》而为鸟类设立的"鸟类特殊保护区"(ZICO)。

"目标文件"(DOCOB)规定了管理和保护的方向。鼓励行政当局与业主签订合同,鼓励加入"Nature 2000"章程的承诺。在特殊保护区(ZPS)范围内,进行经济活动和开发之前必须先进行环境影响评价。

在当地议员——他们担心在其看来过于广阔的区域成为禁猎区——和猎人的压力下,法国在移植欧盟《鸟类指令》和《栖息地指令》以及制定清单方面进展缓慢,后来才逐渐迎头赶上。欧盟设有27308个站点,占整个欧盟面积的18.36%。法国确定了1780个站点,包括212个海洋站点,占法国陆地领土约13%,"Natura 2000"网络涵盖13271个市镇。2020年开始,其他不为受保护物种提供庇护地的自然环境也可以被确立为特殊保护区,例如勃朗峰风景区。

(4)转基因生物(OGM)

是指通过基因工程方法人工改变其遗传基础的活生物体。以这种方式改性的某些农作物在市场上的泛滥引起了人们的担忧,因为它们对人类健康的影响存在不确定性[①]。美国、巴西和加拿大转基因作物产量占全球转基因作物总产量

---

① 仅大豆和玉米就占转基因作物种植面积的81%以上,主要生产国是美国和巴西(均为65%),其次是加拿大和印度。法国的转基因作物种植面积比例为0.1%。

的70%,占地1.6亿公顷,在阿根廷和一些亚洲国家,转基因作物的种植也很广泛。

在国际一级,2003年生效的《卡塔赫纳生物安全议定书》将管制范围扩大到包括任何改性活生物体(OVM)的越境转移和使用。2001年3月12日的欧盟指令和欧盟条例授权欧洲健康安全局实施统一的风险评估方法和保护机制。欧盟委员会和欧盟法院在实现这些既定目标方面越来越严厉,法国和其他成员国一样多次受到责难。有三个问题被区分对待:涉及分类设施法的封闭式使用、故意释放和投放市场。在法国,经营企业必须获得授权并尽可能提供新产品的信息。在经过风险审查后,才能允许所有相关试验以及各种投放市场的方式。由国家高级生物技术委员会就关于转基因生物使用和释放的申请提出意见。事实上,这项专门治安管理是国家的职权,对转基因生物持有敌意的市长们所颁布的政令因此被撤销。

关于转基因生物的判例持续增多,使得高等法院集体(l'ensemble des Hautes Juridictions)行动起来。我们可以列举的典型判例有:欧盟法院在法国最高行政法院提出的"先决性审查"(renvoi préjudiciel)后作出的判决,即2018年7月25日的欧盟法院判决[1]以及2021年11月8日的欧盟法院判决;以及法国宪法委员会2008年6月19日"转基因生物案"判决——宪法委

---

[1] 在大合议庭作出的判决中,经过10年的专家论战,认定通过诱变改性的生物体是转基因生物,"为了保护人类健康,需要特别关注故意向环境中释放转基因生物所造成的风险",这证明了预防和谨慎的正当性。

员会在该判决中确认了《环境宪章》所有条款的宪法价值。至于最高行政法院，在转基因生物方面要求越来越严格：参见转基因玉米延期种植令的取消，即 2014 年 5 月 28 日判决。起因是 2014 年 5 月 5 日法国通过一项禁止转基因玉米种植的法律，该法律由宪法委员会最终确认（2014 年 5 月 28 日）。最高行政法院和宪法委员会判例的互补性可见一斑。

2. 保存物种

（1）濒危物种

科学界得出了一个令人震惊的观察结论：许多动植物物种正以前所未有的速度走上灭绝之路。到 2050 年，将近三分之一的物种将受到威胁。原因众所周知：以贸易和工业生产为目的的过度资源开发、过度狩猎和过度捕捞、自然栖息地的破坏、森林砍伐、城市化、污染、气候变化、生物剽窃。在国际一级已经缔结了若干公约：关于保护国际重要湿地的《拉姆萨尔公约》（1971 年）、关于濒危野生动植物种国际贸易（CITES）的《华盛顿公约》（1973 年）、关于保育迁徙物种的《波恩公约》（1979 年），以及许多专门公约，如关于保护海豹和鲸类的公约。

制定了一些动物（非家养）和植物（非人工栽培）物种的限制清单：包括软体动物、两栖动物、爬行动物、哺乳动物、鸟类和植物。在完整保护的情况下,禁止对其进行捕获、猎杀、残害、归化、买卖。清单之外,其他物种只受到部分保护,即只禁止归化、残害、买卖,而捕获和猎杀仍然是被允许的。

法国历史上旧有的物种已经被成功地重新引入,例如秃鹰、羚羊、猞猁……而对几乎濒临灭绝的狼和熊的重新引入,因为牲畜饲养户的抗议而一度变得非常艰难。《伯尔尼公约》第9条允许在没有其他解决办法的情况下捕获和杀害危险动物,允许禁止捕获的例外存在,但必须与其所造成的损害相称。熊(1940年为150只,1994年为5只)已被重新引入比利牛斯山脉(目前为64只),因为就目前来看,它们不会给其他利益带来不应有的损害。至于在20世纪初灭绝的狼,其数量现已增加至约625只。如有必要,省长可以签发猎杀许可证,并设立"重点防狼区域",在这些区域猎杀是被允许的(2014年9月11日《农业、食品和森林未来法》)。

概括来说,如果没有其他令人满意的解决方法,或出于"重大公共利益"的原因,猎杀是允许的。

(2)入侵物种

意外或故意将外来"侵袭性"物种引入自然环境可能会造成严重和不可逆转的损害,并威胁本地物种的生存:例如19世纪末澳大利亚的兔子、地中海的"杀手藻"杉叶蕨藻、热带河流中的水葫芦……原则上,法律禁止引入外来物种,允许对其捕获或猎杀(第L.411-3条)。

3. 狩猎和渔业法

（1）狩猎

有两种不同的监管制度：普通狩猎法和对特定物种的特别保护。在这两种情况下，欧盟法律都产生了影响。《环境法典》第 L.420-1 至 L.429-40 条规定了狩猎事项。

① 普通狩猎法

普及化 狩猎的普及化可以追溯到法国大革命时期。根据罗马法，野兽是无主物，也就是说，猎物属于猎得它的人。狩猎是常见的事，而且在逐渐普及。受到欧盟法挑战的狩猎法经历了多次改革，似乎在各种相互冲突的利益之间找到了平衡。狩猎被视为一种兼有"环境、文化、社会和经济的活动"，有助于"野生动物遗产及其生境的可持续管理"（第 L.420-1 条）。但是，对可再生自然资源的索取必须合理，物种管理必须适当，而且必须在狩猎、农业、森林保护和旅游业之间保持平衡。

联合会和协会 涉及若干机构：在国家一级，法国生物多样性局于 2020 年合并了前国家狩猎和野生动物局（ONCFS）。在省一级，猎人联合会参与狩猎遗产的开发，并协调市镇和市镇间认证狩猎协会（ACCA）的活动。猎人联合会在猎物数量增加中起着关键作用，并对其成员实行严格的自律。

狩猎区 "为猎人量身定制"的 1964 年 7 月 10 日《维代耶

法》(loi Verdeille)曾经迫使面积小于 20 公顷的土地的所有人,无论是否支持狩猎,都必须加入 ACCA,这使得狩猎权和财产权分离。欧洲人权法院 1999 年 4 月 29 日"沙萨纽女士诉法国案"的判决认定其无理由侵犯财产权。2000 年 7 月 24 日法律试图在现有利益之间达成妥协。"不狩猎的权利"得到承认,业主有权拒绝将其土地纳入 ACCA。

保护区和管理规划 此为一项市镇或国家的保护政策,在这些保护区内,狩猎可能被全部或部分禁止,以促进猎物数量的繁衍。"省级狩猎管理纲要""狩猎计划"和"管理计划"是强制性的,用以维持"农业-林业-狩猎业"三者的平衡。每年,由省长公布固定地点的野生动物"狩猎季",以及猎人在特定时期和特定地域内可猎取的最大数量。狩猎结束时,应编制一份出猎报告。法官经常会判定暂停继而撤销过于宽容的省级有时甚至是部级的狩猎决定。

② 受特殊保护的物种

适用于有害动物和迁徙类动物的具体规则。

捕猎有害动物 从古时候起,捕狼队及其"捕头们"组织狩猎并摧毁所谓的"邪恶动物"。现在,这种做法受到严格控制,因为许多被误认作"有害动物"的可能是濒危和受保护的物种,例如猛禽类、狐狸和獾类。部长制定了三份清单,列出了有害物种,并根据下列具体特征进行识别:危害健康和安全利益,需要预防其对农业、水产养殖业和林业活动的造成损害。受《环境法典》保护的物种不在此列。如果出现过度繁殖现象,省长或市长可以组织进行"行政狩猎",并通过狩猎计划自行监管。对大型野兽给农作物造成损害的补偿机制现已建立。

捕猎迁徙物种 1979年4月2日的《鸟类指令》将迁徙物种视为需要保护的共同遗产,并规定了禁止措施("清单1")或限制措施("清单2"),禁止在筑巢期、繁殖期和依赖期内狩猎。"任何人不得在狩猎开放期以外的时间狩猎。"(《环境法典》第L.421-2条)部长每年都会确定迁徙物种和水禽的"允许狩猎时间"。但是,那些自称是沿袭祖先旧习的猎人(用"双网"或高塔架的传统方式猎取斑鸫、乌鸦、斑尾林鸽……),试图规避那些模糊的规则。此类诉讼很多,行政法官试图通过确保对《鸟类指令》的遵守以维持所涉利益平衡。协商的成效缓和了紧张的局势。

(2)渔业

淡水渔民与猎人相比所求不多,赢得了环保主义者的尊重,因其是与水污染做斗争的主要力量。资源滥用行为主要存在于海洋渔业,过度捕捞和往往不正当的国际竞争造成了严重的问题。

① 淡水捕捞

2006年12月30日的《水法》将渔业与对水生环境的保护和综合管理紧密联系起来。渔业协会在地方联合会和法国生物多样性局的管控下继续发挥重要作用。

行使捕鱼权　在国有河流中捕鱼的权利属于国家。任何已缴纳捕鱼税的持牌协会成员,均有权在国有河流中捕鱼(第L.436-1条),并享有通行权。这是所谓的"普通"捕鱼,是一项在大革命期间被宣布的赋予所有人的权利,是对旧有制度的继受。

非国有河道的河床,由两岸所有人各享有一半所有权,他们有直至河道中间的捕鱼权。其他渔民需要捕鱼的话必须得到所有权人的许可。除了开放水域外,还为封闭水域设立了一项特别制度,即在封闭水域中,鱼类被视为"不动产附着物"(immeubles par destination),归不动产所有权人所有并归其自由使用。从事鱼类养殖的水域受到严格控制(需经事先授权或特许合同,以及可能适用有关分类设施的法律)。

保护鱼类遗产　保护鱼类遗产及其"水生环境"被宣布具有公共利益(第L.430-1条及以下)。任何享有捕鱼权的人都必须参与此种保护。

在一定时期,根据鱼类的大小和所用的渔具情况,可能会采取禁止或限制捕鱼的措施,例如对于鲑鱼和鲟鱼的捕捞规则。鱼群的重新放养受到控制。可能会要求安装旨在便利洄游鱼类自由流动的装置(例如鲑鱼梯),水电站蓄水区的任何排水都必须事先获得批准。沿岸居民有义务维护河床和河岸,否则行政当局可依职权进行必要的施工,费用由业主承担。

② 海洋渔业

过度捕捞,即对渔业资源的过度开采现象,在不断增加:船只成为真正的漂浮工厂,用雷达进行探测和采集鱼类。很多物种正濒临灭绝。

"海洋宪法化"原则出自1982年12月10日在蒙特哥湾签署的《联合国海洋法公约》,其雄心是建立一个"新的世界海洋秩序"。1995年联合国协议规定了对洄游鱼类种群的共同管理。

公海。航行自由和捕鱼自由仍然是原则。

格劳秀斯认为海洋财富取之不尽,这种旧观念早已被摈弃,面对鱼类种群(例如蓝鳍金枪鱼)枯竭的风险,公海捕捞规则现已建立。国际公约保护物种(如海豹、鲸鱼)免受滥捕,并设法在特定区域实行合理的种群储备管理:《东北大西洋公约》(1946年和1992年);对南极海域的管理规则:《华盛顿条约》(1959年)和《马德里议定书》(1991年)。

然而,由于缺乏有效的控制,这些规则与其适用之间存在着明显的脱节,并且很难被习惯于自由体制的渔民所接受,而来自公约缔约国的保证也很弱,因为它们的本能反应首先是支持其国民的利益诉求。至于建立国际管制制度,似乎是乌托邦式的,因其涉及空间非常广阔,直接的斗争来自一些英勇的非政府组织,如("海洋守护者"协会),不过这种斗争看起来无异于以卵击石("大卫对歌利亚")。

领海和经济区。沿岸国在其领海(宽度为12海里)内享有专属捕捞权。在200海里专属经济区内,开发该区域内的资源属于沿海国的"主权权利",沿海国负责管理渔业活动并确定允许的渔获量。目前,对地处内陆或处境不利的国家作出了补偿安排,沿海国的权利必须和航行自由相协调。

二、保护自然空间

森林、山峦、海岸线及其他空间提供了丰富的自然美景,令人沉醉。必须在合理的管理和非神圣化的保护之间找到适当的平衡。

1. 森林保护

森林创造了世界90%的生物多样性,但是,大规模的森林砍伐现象仍未停歇[1]。这种森林砍伐对生物多样性和气候产生影响。其结果是荒漠化(例如被誉为"非洲内海"的乍得湖,其面积从1960年的25000平方公里缩小到目前的2000平方公里),温室气体增加,濒危物种灭绝,本土资源被掠夺。1992年里约

---

[1] 亚马孙、非洲和印度尼西亚的大型森林尤其受到木材贸易(占世界贸易的3%)和广泛种植的威胁。非法开采占世界贸易的10%至30%。

会议之后发表了关于可持续森林管理的宣言和倡议,但在缺乏国际共识的情况下,最终未能签署任何公约,各国拥有利用、管理和开发其森林的独立自主、不可剥夺的权利,但要以"全面和平衡的方式"进行管理和开发。

在法国本土,森林覆盖了近30%的领土,此外还有海外省尤其是法属圭亚那的森林。2001年7月9日的《森林指导法》强调了森林的多功能性以及可持续发展和可持续管理的目标。法国森林根据其所有者的性质而受到不同法律制度的约束,这些制度被纳入一部《森林法典》当中①。

（1）规划和管理

《森林法典》将森林和林地分为两大类。

① 林业制度管控下的森林

主要是国有森林,约149.3万公顷;环境保护机构(EP)和地方政府的公有森林,约250万公顷,其中95%属于市镇当局。公有森林管理是市镇私有领域,这有助于自由管理林木的砍伐和销售,不受"不可转让规则"的约束。可从严格意义上的"管理"中分离出以下行为:消防、重新造林……都是为了履行公共服务职能。

森林和林地的管理由1964年成立的国家林业局(ONF)负责,这是一个成立于1964年的具有工业和商业性质的公共机构

---

① 第一部法典制定于1827年,在1669年的一项法令之后。目前的法典于2012年修订成为常行法(à droit constant)。

(EPIC)。除了传统的管理职能外,国家林业局还承担着促进生物多样性的主要任务。

根据国家森林计划,在大区森林政策和指导方针中规定了奖励和合同措施,并在小范围上建立了综合生物保护区,以便于研究生态系统的功能。

② 私有森林

私有森林覆盖了近1100万公顷(占法国森林总面积的75%和法国领土的21%),分布在超过200多万所有权人的土地上。原则上,这些所有权人负有维护生态和生物平衡的责任。已经制定了各种规划、健全管理和重组机制,其中大多数是非强制性(自愿)的。

作为大区指导方针的一部分,2001年《森林指导法》规定了大区森林管理纲要。只有面积超过25公顷的私有森林才必须提交简单管理规划。此规划由森林所有权人提交,并经管理部门批准,允许以遵守所提交规划的内容为前提,进行自由开发和砍伐林木。森林联盟(groupements forestiers)是一个旨在共同管理森林的民间社会团体,这种形式得到了森林所有权人的欢迎。

无论是公有森林还是私有森林,其所有权人都能够加入由每个大区制定的良好林业实践守则[1]。目前,公共援助现在只

---

[1] 一项专门制度适用于880万公顷海外省森林,其中830万公顷在法属圭亚那。

授予那些对可持续管理有保障者。

（2）开垦和防治森林火灾

开垦 在国有森林中进行开垦必须得到农业部长的批准。在私有森林中，任何开垦都必须事先获得由省长签发的许可证。非法开垦是一种犯罪行为，可处以轻罪。

防治森林火灾 在法国，平均每年因火灾毁坏的森林达35000公顷，火灾会进一步导致对生物平衡的破坏，森林消防现已成为当务之急。为防治森林火灾采取的措施多种多样，但效果不佳。业主必须清理距离其住所50至100米距离内的灌木。一年中的特定时期禁止明火和焚烧，在最易受火患威胁地区，可以通过省政府命令对树林和森林进行分类，并要求业主组成一个联合会，共同开展消防工作——这一制度在莱朗德（Les Landes）地区取得了成功。1995年2月2日的法律将以前的规划工具纳入"自然灾害预防计划"（见下文）。

对地球绿肺——森林的保护，已成为应对全球变暖的重要因素。2021年11月在格拉斯哥举行的《联合国气候变化框架公约》第26次缔约方大会（COP 26）上，包括巴西、加拿大、俄罗斯、印度尼西亚和刚果共和国在内的100多个国家签署了一项协议，承诺制止并扭转森林遭砍伐和退化的局面。

2. 山区保护

山区具有不可替代的生态作用：涵养水源、发展特定农业和

第二章 自然保护法

林业、生物遗传资源储备。这一特有空间必须与诸多侵害做斗争,这些侵害或由于自然灾害(水土流失、山体滑坡、雪崩),或由于开发商糟糕的、通常大规模的项目造成。在欧洲一级倡导的共同战略[参见《山区生态宪章》(Charte écologique des régions de montagne)框架内,法国通过了一项概括性法律,即1985年1月9日"山区法",补充了既有的山区保护规则,并将其纳入《城市规划法典》(第L.145-1条及以下)]。其原则是保护山区的特殊性、保护农业用地、保护山区的自然和文化遗产以及控制城市化。2016年12月28日的山区2号法案只带来了有限的改革。这些规则见于《城市规划法典》第L.122-1条及以下。

(1)公平和可持续的管理

山区由七个山区高地组成:阿尔卑斯山、科西嘉、中央高地、汝拉、孚日、比利牛斯、留尼汪。山区覆盖法国五分之一本土领土,6200个市镇受该法管辖,涉及人口仅占法国人口的7%。

通过农牧业、林业、手工艺活动的"公平和可持续的发展"来改善山区人民的处境,此类活动的独创性应当得到鼓励。应当避免人口大量外流进入谷地和城市,并且满足当地居民留在当地从事体面工作的愿望。

地方分权的意愿激发了在地机构的发展。由总理担任主席的国家山区委员会只是作为咨询机构行事,目的是协调山区之间的关系。地方一级的行动由高地委员会(comités de massif)决定,地方政府代表在其中发挥主要作用。在国家一级,一些具体规定考虑到了山区环境的敏感性,确认了最显著的空间、景观和环境及其保护方法。

为了避免对于山区的保护过度神圣化,并促进其发展,对城市化的扩张作出了规定,但是城市化必须满足各种条件。最为笼统和最难诠释的是对"镇、村和小村庄"进行的"连续城市化",这一条由法官逐案解释,"以本地新旅游单元"(UTN locales)为例外。"连续城市化"这一可在《海岸法》中找到的原则,使得风力发电设施的处境从法律角度来看变得尴尬,因为它与出于安全原因将风力发电设施安装在远离居民区的地方的义务相矛盾。最高行政法院澄清说,位于山区的风电场单就它存在的事实本身而言,并不会对风景名胜造成损害,参见最高行政法院 2010 年 6 月 16 日"勒卢斯特案"。

(2)保护山区的自然和文化遗产

城市规划文件和与土地使用有关的决定包括"保护山区自然和文化遗产的空间、风景和环境的专门规定"。法官将对这一"特征"进行评估,确定该土地是否受到特定保护:具有动物、植物、生态价值的自然遗产区域(ZNIEFF),列级名胜还是登记名胜。在森林边界以上区域修建新的峭壁公路是被禁止的。

水体保护。表面积小于 1000 公顷的自然海岸线,受到沿线 300 米宽的地带上禁止建设的保护。禁止在此范围内修建、架构、冲刷、新建道路。对于超过 1000 公顷的水体(如安纳西湖),2005年的《农村地区发展法》(DTR)允许选择适用"山区法"(不太严格)或"海岸法"。2010年《格勒内勒法》取消了这一可选制度,强调这两项法律的叠加适用。

(3)新旅游单元("UTN")

一定规模的旅游发展项目将采取"新旅游单元"形式,这是一种允许不连续城市化或在原始场地(site vierge)进行城市开发的豁免制度。应市镇当局的请求,由省长签发许可证,提出请求的市镇必须已有地方城市规划(PLU)。2016年,法律将新旅游单元分为两类：主要新旅游单元(UTN structurantes)和本地新旅游单元,前者规模较大,隶属于领土协调纲要(SCOT),后者的建立归地方城市规划调整。新旅游单元必须考虑到自然风险,"在其选址、设计和施工中,必须尊重场地的性质和重要的自然平衡"。参见最高行政法院判例"撤销许可案"[①](1994年12月10日)。创建或扩建UTN的项目必须接受环境影响评估。参见最高行政法院2019年6月26日"法国自然环境协会案"。

3. 海岸线保护

曾经荒芜的海岸线是免费提供给渔民和业余爱好者的,现

---

① 该项目包括建造一个高尔夫球场,标志为一个直径70米的球形纪念建筑,将不幸地被建在风景名胜地中。

如今滨海地区已经成为许多产业觊觎的对象：海水浴、航行、港口活动和水产养殖……所有这些都威胁到这种最具生态重要性区域的平衡。法国近一半的海岸线(7000多公里，其中5500公里在法国本土)都已被城市化，其居住人口密度始终是全国平均数的2.5倍，夏季更是有9倍之多。

在很长一段时间，所采取的行动似乎只是权宜之计，在造成不可逆转的损害后，法律的干预才姗姗来迟。作为公共财产(domanialité publique)受保护的只涉及海岸线中很小的一部分，人们希冀能够像山区法一样，对海岸地带的自然禀赋和关键问题能够采取更全面的办法。因此就有了以此为目的的1986年1月3日的法律，即所谓的"海岸法"(详细规则参见《城市规划法典》第L.121-1条及以下和《环境法典》第L.341-1条及以下)。

（1）公共财产

海洋公共财产包括：领海(12海里)的土壤和底土，以及因冲积层或海水退去而形成的或即将形成的冲积层。该区域的陆地边界是在没有特殊气象干扰的情况下，最高海平面可以延伸到的点(《公法人财产法典》第L.211-4条)。

作为受"公共财产"相关规则保护的这一空间的所有者，国家被赋予特殊的责任和手段来维护其主要使命：公众的自由使用。因此，存在两个地役权，一个是纵向地役权，另一个是允许行人在海边自由行走的横向地役权。国家保护的目的在于保护海岸免受持续占用,加强对海岸线的环境保护。海滩特许经营权是一种不稳定和可撤销的授权。像被科西嘉宪兵无情摧毁"弗朗西斯之家"度假屋这样的事件,幸好不是很常见。①

(2) 规划和土地整治

沿海地区的整治和保护的基本方向应列入国家制定的海洋开发纲要(schéma de mise en valeur de la mer,SMVM),规划文件应与其保持一致。

根据欧盟指令,法国国家海洋和沿海战略是保护环境、开发海洋资源、综合和协调管理活动的参考框架。四个沿海地区(大西洋、英吉利海峡、北海和地中海)的目标将通过由协调省长制定和执行的沿海战略文件确定。SMVM 和 SCOT 必须与之兼容。战略和规划每六年修订一次。

(3) 公共遗产保护院(Conservatoire)

根据 1975 年 7 月 10 日法律(第 L. 322-1 条及以下)设立的"海岸和湖岸空间保护院"负责制定保留土地的政策②。作为环境保护行政机关(EPA),该机构的使命是保护沿海的自然遗址及其生态平衡,并拥有资金通过征用或优先购买的方式,友好地获得维持这种平衡所需的土地和建筑物。其也可以通过遗赠或赠与来接收这些资产。陆上和海上的管理是合作性质的,由地方政府、环境保护机关、基金会或经批准的协会与海岸和湖岸空

---

① 在这个案件中,科西嘉岛海滩上一家非正规餐馆被鲁莽的宪兵在省长的命令下烧毁。最终该省长受到刑事制裁。
② 该保护院坐落在美丽的罗什福皇家绳索厂附近。

间保护院签订协议,后者承诺为必要的投入提供资金。向公众开放是一项规则。

结果已经很明显了:海岸和湖岸空间保护院拥有大约1500公里的海岸线和203000公顷的保护区,其中70%是通过友好的方式取得的。2050年这一目标被设定为占本土和海外海岸线的25%,根据审计法院的说法,此目标设定过高。审计法院要求土地征用应与现有的资源和手段相适应。

海岸和湖岸空间保护院拥有的财产受公共财产保护制度的约束。其有权对构成违反环境法律规定的事实提起民事诉讼。

(4)保护区

《海岸法》对海岸地区没有明确的法律定义,涉及的是"沿海市镇",即沿海、海洋、盐池、面积超过1000公顷的内陆水域以及河口沿岸市镇。

三种区域受到特别保护:

第一类是"100米海岸带",从海岸线的上限起(《城市规划法典》第 L. 121-16 条),原则上禁止在已经城市化的区域外进行建设[①]。

第二类是"名胜古迹"(《城市规划法典》第 L. 121-23 条),由此列出了一个具体清单。在这些典型的海滨遗产空间中,只

---

① 不可建造性不适用于需要直接靠近水的经济活动所需的建筑物:例如水产养殖或修船厂,也不适用于海水疗法中心或停车场。

允许进行"轻改造"且改造须为发展所必需。判例法是很严格的,只设定了一个例外,即公共输配电系统中用于推广可再生能源的管道建设。法官根据证据链评估是否符合,这是民选代表和开发商最担心的条款。

最后一类是"近岸空间"。在这些地区,城市化的扩张只能由地方城市规划作出限制和确认。

2018年11月23日的《住房发展与数字设施配置法》(Loi ELAN)放宽了连续城市化的认定规则。该规则认为,基站和地面太阳能发电站是"城市化的延伸"。将编制一份轻型城市规划的限制清单。

判例法对"近岸空间"(参见最高行政法院1993年2月12日"加桑市镇案")[1]、"有限扩张"、"显著空间"、"近水活动"等概念做了巧妙解释,并根据实际情况加以调整。与《山区法》一样,风力发电设备的选址也引发了持续城市化与远离住宅义务之间的协调问题(参见最高行政法院2012年11月14日"新普卢维安公司案")。

海岸侵蚀造成的问题催生了一项领土计划,以预测和管理海岸线的演变和对海水的防御。

《山区法》和《海岸法》有助于防止过度和无序的城市化,并寻求在不把这些空间变成神圣的生态保护空间的情况下,使环

---

[1] 高等法院裁定,一方面,有"近岸空间",尽管距离海岸500米至1000米的土地被一条山脊线隔开;另一方面,这项面积近4500平方米的"SHON项目"并非"有限的城市化"。

境保护目标与可控制和可持续的发展相协调。

4. 其他保护措施:名胜、公园、保护区

1930年5月2日关于所谓"自然中的圣地"的名胜法以及自然保护区的相关规定,初衷是为了保护。现在,保护的使命依然存在,但与国家公园一样,伴有使其增值和可持续管理的目标。

(1) 名胜和风景

① 名胜(sites)

根据1913年《历史古迹法》,该法适用于从"艺术、历史、科学、传说或风景"的角度保护具有公共利益的"名胜"(第L.341-1条)。这是一个比较宽泛的定义,允许扩大适用范围。因此,一个整体景观可以因其传统性但并非一定要求其独特性而被确认需要保护。名胜的范围可能很小,也可能很大。

有两项主要的保护措施:第一,登记。在征求有关市镇议会的意见并通知业主(无需征得业主同意)后,由部长令进行登记。它只要求提前四个月向行政当局报告除日常运行外的其他任何施工。行政部门有权对提出申请的工程提出修改建议,但只能通过对"名胜列级"来提出反对意见。约有4000个登记在册的名胜。

第二,列级名录。如果业主同意,则通过部长命令予以确认列级名录;如业主反对,则由国务院颁布的政令来予以确认。进入列级名录的法律效果是严格的:未经省长事先明确授权,不得进行任何修改或破坏。一旦行政当局有意要将某地归入分类名录,一年内不得对现场原貌进行任何改变。列级分类可以就业主利益损失提供赔偿,但前提是列级决定为依职权作出的,并且导致房舍的状态或用途发生改变,造成的损害是直接的、物质的和确定的。大约有2700个名胜进入列级名录。

一项被列为"高知名度和高访问量"的名胜,有可能会被授予"法兰西大名胜"(Grand Site de France)称号,服从于对其进行保护和开发的计划。大约有50个法兰西大名胜。首批被授予称号的是:奥尔尼亚克大道、圣维克多尔山、拉兹角和加尔桥。

② 风景

从法律的角度来看,风景是一个开放的概念,可以在许多法律文本中找到。对于风景的保护被宣布具有"公共利益",并为此专门制定了一项法律,即1993年1月8日颁布的《风景法》,这部法律首次将"风景"作为法律的客体。风景,是指"以其风光价值而著称的领土""自然的或城市的、风光秀丽、和谐的整体",体现了统一、和谐和丰富的遗产属性。风景被纳入各类城市规划文件中,如大区公园章程等。法律还规定了申请"建筑许可证"所需的"景观说明部分"。国家风景委员会负责每年编写风景报告并提出建议。

"风景"这一概念的民主化,始于 2000 年 10 月 20 日在欧洲委员会主持下于佛罗伦萨签署的《欧洲风景公约》。风景被广泛定义为"被民众所认可的领土的一部分,其特征是自然和/或人为因素及其相互作用的结果"。风景不仅涉及著名地区,而且涉及一些普通的景观,如其遭到破坏,同样需要公共干预。这点与 1972 年 11 月 16 日联合国教科文组织《保护世界文化和自然遗产公约》的规定大不相同,该公约只保护具有"突出的普遍价值"的风景。一项变革正在悄悄发生:从景观权(droit du paysage)发展到属于景观的权利(droit au paysage),或者说享受未退化景观的权利(droit à un paysage non dégradé)。

(2)自然公园

自 2006 年 4 月 14 日法律带来改革之后,共有三种类型的自然公园:国家公园、海洋自然公园和大区自然公园。

① 国家公园

创建 国家公园体系很古老(参见 1872 年在美国建立的黄石公园),但是法国直到 1960 年 7 月 22 日的法律才决定创建国家公园。创建国家公园是因为需要保护那些代表"一种独特价值,必须防止其遭受可能对其多样性、组成、外观和演变"造成破坏的自然环境(第 L.331-1 条)。

创建权归于国家。在经过公众调查后颁布法令,来划定公园的边界,制定总体保护规则,并批准一份有效期为 12 年的公园宪章。全法共有 11 个国家公园:瓦努瓦兹、克罗斯港岛、西比利牛斯山脉、塞文内斯山脉、埃克兰公园、墨尔康托尔公园、瓜德罗普岛公园,经过艰苦的谈判,留尼汪岛公园、亚马孙圭亚那公园、卡兰克斯公园和香槟-勃艮第公园于2019年创建。

2006年4月14日的法律实现了三个方面的结果:大量游客、地方政府的合法愿望,以及公园与周边地区之间更好的融合。

公园宪章 它确定了一项领土计划,以促进公园各部分之间生态团结。区分了两种不同的地理区域。首先,公园核心区受到严格的保护:施工受到特别管制,原则上禁止在非城市化区域上进行任何施工,在已城市化区域施工应当获得事先批准。农牧业、林业和捕鱼活动可为了常驻居民的利益而受到特别管制。其次,从属区(aire d'adhésion),即以前所称的周边地区(zone périphérique),寻求与市镇建立持续的合作关系,力求将保护目标与经济发展相协调。领土协调纲要和地方城市规划必须与公园宪章的规定兼容。

管理 每个国家公园都由一个环境保护机关(EPA)来负责管理,由国家生物多样性局在国家一级推动和协调。国家公园决策机构是国家公园管理委员会,其中,地方议员占主导地位。有人说:"国家公园须为甘愿,而非强加。"

执行是由国家公园理事会选举的主席以及部长任命的主任负责。后者负责公园的管理,拥有广泛的管理权力和治安权力,并与地方议员共同协商。国家公园科学理事会也扮演着重要角色,鼓励制定国家和地方政府之间的合同政策。

② 海洋自然公园

海洋自然公园是一类海洋保护区,旨在综合管理对生物多样性和人类活动有着特别重要价值的海域。海洋自然公园的规定主要见于2006年4月14日的法律(第L.334-1条及以下)。海洋自然公园的创建非常迅速,并由"格勒内勒海洋方案"(Grenelle de la mer)再次推进,其目标是在2020年之前将法国所辖范围内20%的水域划分为海洋保护区。

创建 海洋自然公园是在对国家主权范围内的水域(领海和经济区)和公共海洋领域进行公开调查后,根据法令设立的。创立自然海洋公园的目的是为了恢复海洋水域、生境和物种的良好生态状况,确保海洋生境的生态功能,在不过度开发的情况下可持续地利用自然资源,以及改进沿海地区的综合治理。目前已创建了九个海洋自然公园:伊罗瓦兹海(2007年)、马约特岛(2010年)、狮子湾(2011年)、光荣岛(2012年)、皮卡尔斯港口和奥帕莱海(2012年)、阿卡什翁盆地(2014年)、纪龙德和佩尔图伊斯海(2015年)、科西嘉角(2016年)、马丁尼克(2017年)。

管理 国家海洋保护区管理局是国家级的环境行政机关,负责协调和管理这些区域。每个自然海洋公园都设立了一个管理委员会,其中地方政府占多数。由自然海洋公园管理委员会负责制定管理计划,接受国家海洋保护区管理局的委托。破坏海洋自然公园完整性的行为将受到刑事处罚,被视为"侵犯公共财产完整性"的行为。

③ 大区自然公园

根据1967年3月1日的一项政令创建,作为法国领土整治和大区行动署(DATAR)政策框架的一部分,其相关规定由立法者进行多次改革,大区自然公园制度构成了法国保护景观和自然文化遗产的特有框架,以促进农村地区的可持续发展服务(第L.333-1条及以下)。

创建 其设立由大区理事会提起,该理事会与地方政府合作起草一份公园宪章草案。该草案需经公众调查并征得地方政府同意。随后由政令通过,有效期为12年,可以续展。《大区自然公园宪章》是非规范性的指导文件,包括报告、图表和附录。其指导方针对城市规划文件的约束力主要体现在城市规划文件里的"兼容性报告"中,而不直接对土地使用许可证的颁发产生作用。虽然它们并非法定,但须得到国家和地方政府的遵守(参见最高行政法院2012年7月16日"加地奈大区自然公园之友联合会案")。

管理 其管理机构最初可具有私法或公法性质。大多数公园选择了联合会模式,这是唯一可行的选择。由总统任命的大区自然公园主席负责执行决定。其既没有规章制定权,也没有独立的执法权。

《大区自然公园宪章》所设定目标的实施是根据联合会与国

家签署的协议进行的,通常也是在"公园之友协会"(Association des amis du parc)的协助下进行的。大区自然公园每十年提交一次总结,《大区自然公园宪章》可以修改和更新。通过政令对其降级是可能的①。大区公园总数为58个,覆盖15.5%的领土和6%的人口。在经历了一些困难之后,大区自然公园越来越被当地政府所接受,并为经济和生态发展服务。

(3) 敏感自然空间(Espaces naturels sensibles)和自然保护区

① 敏感自然空间(ENS)

该系统是有利于省一级的利益的地方分权政策的第一个例证,是省议会环境政策的核心,其特点是混杂了城市规划和环境双重起源(《城市规划法典》第 L. 113-8 条及以下)。敏感自然空间已经超过3000个。其创设权属于各省自有(74个省已经提起申请),其效果取决于各省的财政能力;省经由签发建筑许可证获得大约0—2.5%的开发税。需区分纯粹意义上的敏感自然空间和副敏感自然空间(ENS associés),后者是与已城市化地区紧密相邻的缓冲区域。

为了保护名胜和自然环境的质量,各省有权在预先划定的地区行使优先购买权。海岸保护院、国家公园和大区自然公园同样可行使优先购买权。优先取得的土地必须向公众开放,除

---

① 由于未能保护脆弱的自然环境免受集约农业发展的影响,波特文沼泽于1996年失去了"大区自然公园"的称号。后于2014年5月重新获得。

非环境脆弱到不可能开放。

优先区的划定权限目前已下放给大区总理事会。

② 自然保护区

创建 自然保护区,是为了保护动植物物种、生物群落、名胜和生境免受退化威胁而在一个或多个市镇的公共或私有财产上建立的受保护区域(第 L. 332-1 条及以下)。法国第一个自然保护区是海洋自然保护区,由一个私人协会于 1913 年建立,目的是拯救七岛群岛北部的塘鹅种群栖息地。2002 年 2 月 27 日的《地方民主法》(Démocratie de proximité)表明了权力下放的愿望(第 L. 332-1 条及以下)。自然保护区是国家或大区性的。以往由业主倡议创建的自愿自然保护区正在消失。

管理 任何可能损害野生动植物自然成长和改变保护区性质的行动都可能被禁止或受到特别制度的约束。在某些情况下,农业、畜牧业甚至狩猎等传统活动仍可以继续。由于每个自然遗址都是独一无二的,对其规制是根据具体情况逐案制定的。

管理者可以是地方政府、协会、基金会或自然公园等公共机构。由管理者制定保护区的管理计划,以确定该保护区五年内的保护和养护行动,以及与其他地方参与者的合作。咨询委员会由省长和所有相关主体的代表组成,采取适当的管理和保护措施,通常由一个科学委员会协助。

法国共有 167 个国家自然保护区(陆地的 44.6 万公顷,海洋的12万公顷)①。在卡马格,有一个大区公园(8.5万公顷)和一个自然保护区(1.3万公顷)。还有174个大区级自然保护区和7个科西嘉自然保护区。在这些保护区中,有70%的自然栖息地被欧盟认定为优先保护区,82%濒危哺乳动物物种和79%濒危鸟类物种因此得到庇护。自然保护区周围可以设置保护带。

出于同样的保护目的,国家森林管理局可以在国家森林中建立国家生物保护区(参见留尼汪原始森林)。在公共海洋区域建立的海洋保护区模式非常适应海洋生态环境的生态复杂性,应得到进一步发展。

5. 生态系统保护

保护濒危物种的紧迫性(见下文)使保护其特有的生存空间成为当务之急。对此已经建立了各种各样日益严格的法律制度。

(1) 湿地

此类环境的特点是土中存水,深度较浅(最深6米),包括沼泽、潟湖、泥滩、河口和泥炭沼泽地②。全世界1/7人口的生

---

① 不包括法国南部200多万公顷的巨大自然保护区。仅法属圭亚那的两个保护区就覆盖了17.6万公顷的面积。大多数自然保护区为中型,最小面积为0.05公顷。

② 湿地,是指"永久或临时地被淡水、咸水或半咸水覆盖或浸泡的土地,无论其是否已开发"(第L.211-1条)。

活依靠湿地,40%的物种在湿地区域生活或繁衍。

① 退化

随着时间的推移,这种生态系统服务价值重大的湿地中很大一部分已经消失,其退化速度甚至超过了森林。回填、筑堤坝、排水、转为农用地、修建水电站大坝带来了灾难性的生态后果。湿地这些与水相连的土地,太阳光能的影响倍增,是动植物微生物密集生活的所在地,也是稀有的、濒临灭绝的鱼类和水鸟繁衍的庇护所。1930年,卡马格湿地从一项旨在将其改造成葡萄园的大型清污项目的厄运中逃脱,成为法国的第一个受保护湿地。湿地占法国领土的20%,在过去三十年中,超过2/3险遭破坏。

1971年2月2日签署的《拉姆萨尔公约》(伊朗)在国际一级确定了湿地保护的主要原则,该公约汇集了171个承诺对湿地进行保护的国家,并制定了一份名单对湿地进行了确认;2431个具有国际重要性的湿地(法国50个)被列入名单中,覆盖全世界面积超过2.5亿公顷。在欧洲一级,2000年10月23日的《欧洲水指令》详细阐述了即将实施的长期保护目标。

② 保护措施

法国法律并未对湿地作出具体的规定,而将湿地保护纳入水资源平衡管理的目标(第L.211-1条),湿地保护取决于多种程序的应用:根据1930年法律划分的科学分类点、自然保护区、生物群落生境政令、"Natura 2000"区域以及划定战略性水资源管理区域的水资源规划和管理计划(SAGE)。

水务局的任务是执行保护和恢复水生环境和连续性土地政策,并制定了连续的五年行动计划,以阻止湿地这种"蓝线"的退化。

(2) 群落生境保护

法国《环境法典》第 R.411-15 条是《农村法典》相关规定的继续,赋予省长权力通过政令制定措施,以促进"养护生物群落生境,例如池塘、沼泽、浅滩、树篱、灌木丛、荒原、沙丘、草坪和任何其他自然形式,虽其较少被人类利用,却是濒危物种觅食、繁衍、休息或生存所必需的",因此被列入保护自然栖息地的扩展清单上。需要征求市镇议会的意见,虽然不是强制性的。

省级生物群落政令规定了禁止破坏环境生态平衡的行为,包括烧荒肥田、焚烧秸秆和立草、破坏坡面和树篱、播撒抗寄生虫类产品。此类政令只适用于有限范围内。

《农村法典》中一些可能对环境产生灾难性影响的过时条款正在逐步重新修订:例如,其中有可能消除所谓"危害健康"的池塘和公共池塘,以及排干沼泽的规定,这些措施虽有利于公众卫生,但可能与生物群落生境法令的目标背道而驰。

(3) 反对土壤人工化

目前法国近 7% 的领土是人工化的,自 1981 年以来增加了

70%。2021年7月20日的《气候与恢复力法》规定了到2050年不进行土壤人工化的目标,领土协调纲要和大区规划和可持续领土发展计划(SRADDT)考虑了这一方向。在非人工化土地上建立大面积商业区的做法受到限制。

6. 预防自然风险

自然灾害的一再发生和其中一些灾害(例如1992年瓦伊森-拉罗曼洪水、2010年辛西娅风暴)引发的情绪促使公共当局加强现有的安排。①

1995年2月2日的法律加强了"自然灾害预防计划"(PPRNP)的效果,规定其可以附入地方城市规划(第L.562-1条)。自然灾害预防计划成为真正的城市规划文件。经省级政令批准,经过公众调查和与地方议员的协商之后,自然灾害预防计划划分了易受洪水、雪崩、地震、森林火灾、风暴等影响的区域,将其定义为"危险区"或"警戒区"。在这些区域内,建设工程或将被禁止,或将受特殊规定的约束。市长必须至少每两年向民众通报风险以及预防、警报和救援措施(第L.125-2条)。重大自然风险防范基金可用于购买某些易受重大自然灾害影响的资产。据报道,有11604个市镇面临洪水风险,近6000个市

---

① 在36000个法国市镇中,将近2/3面临至少一种自然灾害的风险,其中洪水风险最为常见。

镇面临山体滑坡风险。针对每个流域或子流域,都制定了洪水预报总体规划。

2003年7月30日的法律建立了与洪水风险相关的两个新的公用事业地役权:蓄水区和水流流动区。同时还加强了公民的知情权和公共当局的告知义务。

第三章 遗产性环境保护,农村和城市环境保护

> 太多大树因这么多无用的言论而被砍伐。
> ——玛格丽特·尤瑟纳尔

"(总体)财产"是民法中一个熟悉的概念,它与人有关:每个人都有(总体)财产,在公法中却有着不同的含义。在公法中,它不是一种普通的资产或价值——不是所有的东西都是财产。只有某些具有特殊利益的特定资产才具有这种资格,公共当局有责任对其进行记载、保护、开发,并将这一珍贵遗产传给后代。在本章的第二部分,将讨论农村土地保护和管理法律,这些法律越来越受到环境问题的启发,在城市规划法中也是如此。

环境、农业和城市规划三个法律部门长期无密切联系(参见立法的独立性原则),而现在有了一项共同的目标,为可持续发展和生活质量服务。

一、城市建筑遗产法

在法国,建筑遗产首先受到了历史古迹立法的保护,该立法最先关注的是一座座单独建筑本身。接着,这种保护扩展到文物古迹的周围。后来逐渐扩展到一种由授权制度与规划制度相结合进行规制的特殊空间。

1. 历史古迹

公共当局最早意识到保护"濒危杰作"的必要性可以追溯到法国大革命时期,对大革命犯下的故意破坏文物行为"vandalisme"(格列高尔神父的表达方式),需采取紧急措施。浪漫主义运动的浪潮加速了这一势头:"虽然一座建筑物的使用权属于它的主人,"维克多·雨果说,"但它的美丽属于所有人","即使所有者也不能摧毁它"。人们如是说,必须"禁止亵渎神明的行为"。

七月王朝采取了第一项强有力的措施:任命了一名历史古迹总督察[普罗斯佩·梅里美(Prosper Mérimée)从1834年起担任这一职务],负责编制一份具有"无可争议的价值"的古迹名录,并按其重要性排序,以确保在预算中列入修复这些古迹所需的资金。维欧勒-勒-杜克(Viollet-le-Duc)以忠于原作品的"完美统一"的方式来着手执行古建筑修复任务,这是一个能引起争议的理念。

第一项立法是1887年3月30日的法律,该法赋予公共当局在征得所有权人同意的情况下采取分类名录行动的权力。1913年12月31日的法律规定不需要征得所有权人的同意,引入了更具约束力的规则。该法令非常有效,避免了对古建筑无法弥补的破坏和损毁。这项出色的法律仍然是现行法律的基础,它得到了补充修订但从未被废除,现在已被纳入《遗产法典》之中。该法的执行主要由文化部长负责。幸运的是,新近的改革仍保留了其基本内容。

(1) 养护和保存措施

保护性措施主要分为三种:

第一种是列级。列级,如果所有权人同意,由文化部长发布命令宣布;如果所有权人反对,由国务院的政令发布。在这两种情况下,都需事先征得历史古迹高级委员会的意见。列级可以由业主自己发起,也可能在正式通知之后,依行政职权自动列级。

第二种是登记,由大区首长在事先征求大区遗产和名胜委员会的意见后决定。

第三种分类程序是在最终分类之前的保护措施。

这些措施适用于"从历史和艺术角度看,其保护都符合公共利益",从而确定其保护价值的建筑。受保护的建筑物数量达到 44500 座,其中 1/3 是列级建筑,另外 2/3 是登记建筑。该制度同样适用于动产,超过 26 万处动产被列级或登记。

(2) 对所有权人的限制

尤其是对其施工自由的限制。"列级"建筑所产生的限制最严格:未经文化部长事先批准,禁止对列级古迹进行任何修缮、修复和破坏。"列级诉请"具有相同效果,但是是暂时的,如果一年后列级尚未达成,列级诉请将会停止。"登记"要求所有权人只需就计划施工进行简单的事先申报。但是,自 2005—2007 年改革以来,要求计划施工必须按照《城市规划法典》规定取得建筑许可证的做法,加强了迄今相对薄弱的保护。规定了民事处罚和刑事处罚,其中民事处罚包括责令由所有权人自费恢复原貌。

(3) 工程

受保护古迹的维护和修复费用由所有权人承担,但是工程的管理体制受到相关部门的严格控制,需要两类专门从事遗产保护的建筑师机构的介入:历史古迹首席建筑师和法国国家建筑师(les architectes des bâtiments de France, ABF)。

前者负责所有的建筑和修复工程,这些建筑和修复工程得到国家的财政支持。法国国家建筑师只负责工程的维护工作。作为"遗产步兵"的他们,还承担着对历史建筑附近的建设项目发表意见的重任。他们可以通过拒绝签发"签证"来阻止建设项目的实施。对于拒绝签发的决定,目前可以向大区省长提出上诉。

已经建立了一项有利于历史古迹所有者的税收制度,包括免税、减税以及"地产赤字"①的可能性。

2. 周边的保护

指的是对历史古迹环境的保护。对其保护的空间范围("珠宝匣")取决于"可见区域",由两个要素定义:历史古迹周围500米半径的保护周长和可见范围。

如果某个建筑物位于已经列级或登记建筑物的"可见区域"内,在未取得与建筑许可证同时由法国国家建筑师颁发的事先"签证"的情况下,不能对这一建筑物进行任何拆除或改造。法国国家建筑师的反对意见对主管行政当局具有约束力,并迫使其拒绝发放许可证(《城市规划法典》第421-6条)。对拒发建筑许可证决定不服的,可以向大区省长提出申诉。"可见范围"定义的模糊性导致了这一概念的不断扩展:"周围"(périmètre)很快变成了"范围"(rayon),而"可见范围"到底是自古建筑起可见,还是跟古建筑一体的可见,由法国国家建筑师在法官的监督下进行判断,解释起来困难重重。

---

① Voir J. Morand-Deviller, *Jurisclasseur Environnement*, LexisNexis, fasc. 1170-10 à 1170-30, 2023.

3. 不动产修复和城市保护区域

主要指对那些被遗弃的城市老旧中心进行保护,虽然它们是次要而不可替代遗产,但被认为是见证过去的不可替代的遗产,同时也是经济和旅游发展的重要因素。法律制度在各种灵感的启发下相继出台。

1958年实施的"城市翻新"的野蛮政策,其财政负担和社会代价相当沉重,对遗产带来的影响也是灾难性的——因为城市规划文件以"创造新事物"之名鼓动拆除,但是很快被不那么野蛮的修缮和改造所取代。①

1962年8月4日的《马尔罗法》强调了修缮的目标。它规定建立"保护区域",在这些区域内制定"保护规划和增值规划",作为一种特殊地方城市规划,允许示范性的再翻修。国家正在寻求与市镇当局进行合作,并探索如何将这一特殊制度更好地纳入城市规划普通法中。

一项普通的城市优先购买权允许市镇当局优先购买,以"保护或开发已建成或未建成的遗产和自然空间"为目标。然而,这些行动在美学上的成功也伴随着在社会方面的失败,因为社会融合的目标——后来的优先事项——在有机会考虑的时候没有被考虑。

---

① 有人说,是时候投票"废除对神明的亵渎"了。

4. 建筑、城市和乡村遗产保护区和著名遗产遗址

为了消除这些为遗产保护所画的"愚蠢又可恶的圆圈"——其自动性和一致性饱受诟病——1983年1月7日的法律除授予法国国家建筑师强大但往往有益的"否决权",除此之外,还允许地方议员发起创设"建筑、城市和乡村遗产保护区"(ZPPAUP),其范围可以覆盖非常多样化的区域。这种灵活且分散的规划与普通规划(例如地方城市规划)相结合,取得了良好效果。

为简化起见,2016年7月17日《创造、建筑和遗产法》(CAP)将保护区和ZPPAUP合并为一个新的"经过调整的保护范围":著名遗产遗址(《遗产法典》L.631-1条及以下)。旧的保护机制得以保留,市镇当局有一定的选择自由,新的遗产遗址将逐步建立。

二、环境法和农村法

农村地区占法国领土三分之二以上,其环境问题日益令人关切。农村法和环境法不能相互忽视,农村整治政策的目标之一是鼓励农民参与"遗产养护、维持自然平衡和保护植物物

种",以实现可持续发展的目标:农民不应被视为自然的"敌人",而应被视为自然的保护者。2005年2月23日《农村地区发展法》(DTR)承认了这种相互依存关系。

在欧洲一级,2003年新的共同农业政策(PAC)加强了农业与环境之间的联系,引入了"生态附加条件"的概念。欧洲财政援助只有在农民遵守有利于环境和健康的方法的情况下才会授予。这一机制的有效性取决于管控措施的有效性,而目前的管控措施往往不够充分。

1. 农村地区的生态性管理

(1) 针对农村地区的特有规则

追求产量的集约式农业消耗土壤并污染环境。这一认识促使人们发展可持续农业,这体现在一种专门规划中:《市镇间发展和土地整治宪章》(chartes intercommunales de développement et d'aménagement)规定了在执行那些环境保护重要性日益显现的发展计划时应考虑的广泛准则和计划。此外,公共当局和农民之间的可持续农业合同也有了发展,农民承诺保护土壤、水、自然和景观的质量,以换取公共机构的支持。

《自然和农村地区公共服务纲要》是一份前瞻性文件,规定了实现农村环境综合管理目标的指导方针和措施。设立了农村地区管理基金(FGER),目的是资助有助于维护和恢复正在被遗弃的农业地区的行动。

（2）城市规划文件中的规则

普通城市规划文件必须考虑到农业用地及其保护。

领土协调纲要本身的重要作用在于维护"城市空间、待城市化空间与自然、农业和森林空间之间的主要平衡"（《城市规划法典》第 L.122-1 条），在其框架内，地方城市规划将由于土地的农业、生物或经济潜力而需要受到保护的区域确认为"农业区"。在农业区内，只有从事农业活动所必需的建筑规划才能被允许。必须考虑到城乡之间的互补性，以确保城乡人口的和谐平衡。

（3）保护城市周边的农业和自然空间

2005 年的《农村地区发展法》对城市周边的农村地区尤为关注，这些地区的生产、旅游和居住功能之间的竞争日益激烈，而且往往产生冲突。"城市周边农业和自然空间的保护和发展周界"与领土协调纲要兼容，纳入这一周界以内的土地可以通过征收或优先购买获得，并制定实施方案。这些土地将不再被纳入城市规划的城市化区域，因为其农业或自然用途在某种程度上是永久的。这项政策与防治土壤人工化的政策是一致的。

2. 农业活动所受的威胁

某些政策选择可能对农村环境造成灾难性后果。譬如大型基础设施工程和土地整理作业。

(1) 大型基础设施工程

大型公共工程：水坝、道路、高架桥、机场、高压线、发电站等，会对农业和环境构成严重威胁。热力、水力和高速公路往往对农民的生产方式造成严重损害，破坏风景名胜，危及自然平衡。

法治的介入是为了限制这些工程的不利影响，参见施工方有义务为农民的复垦和重新安置提供资金。行政法官在审查开发项目的"公共利益"指标时，将是否关注环境问题和维持传统农业活动作为评估的关键因素。

(2) 土地整理

对农业现代化和提高产量的关注是土地整理政策产生的基础，当时人们只看到了其有益的影响。早在19世纪，经济学家就谴责了由于继承和分割而导致的农业财产极度分散的风险，民法典规则也因此被称作"碎土机"。

当土地整理，特别是与土地整理有关的施工明显对环境造成严重损害时，土地整理的倡导者不得不降低了之前平静的确信。边坡整平、沟渠回填消灭了常见鸟类和昆虫的栖息地，妨碍了腐殖质的产生，产生过度侵蚀现象，进而导致河岸坍塌、河口淤塞和洪水泛滥。布列塔尼为土地整理付出了沉重的代价。在20年的时间里，6万公里的堤防和500万棵树木被毁。

从今往后，土地整理的目标不再仅仅是"改善农业开发"，而是"农村整治",这代表着一种更广泛的关注,包括对自然的保护。法律要求对所有土地整理必须进行环境影响评估,土地整理和整治必须有助于对环境的保护,在农村租赁合同中引入环境条款也将有助于这种保护。

3. 农业活动造成的威胁

农村地区已将其活动转向农业食品工业:养猪场、家禽养殖场、屠宰场[1],这些设施往往造成严重的滋扰(气味、废物、水污染)。

(1) 设施

1917 年《分类设施法》只适用于工业和商业机构,不包括农业活动。1976 年 7 月 19 日的法律非常及时地将农业活动纳入分类设施的一般制度之中(见下文)。根据活动重要性的不同,要求对活动进行申报或授权。工业养猪场的选址,尤其是在布列塔尼地区,引起了最广泛的争议:给邻近财产带来不便,尤其是其厩肥对于河流的污染严重。[2]

(2) 杀虫剂

此外,为了提高产量而使用和施用杀虫剂和某些化肥,由于其在食物链上的积累,对土壤、野生动物和人类食品供应构成了

---

[1] 处理屠宰废物,取其皮、骨骼、脂肪和明胶用于市场售卖。
[2] 尽管环保人士提出抗议,但仍只是提高了申报(超过 50 只)和授权(超过 450 只)的门槛。

不可否认的风险。现已建立一项许可证制度,由农业部作出决定。认证有效期为 10 年,可随时撤销。产品的营销也受到管控。

欧盟指令和法规介入,要求进行审批、设定禁令以及对杀虫剂的最高承纳水平。在"高乔案"(Gaucho)中,对蜜蜂有害的杀虫剂(使蜜蜂死亡率从 5% 上升到 30%)引发了广泛争议,草甘膦的情况也是如此,对健康的具体影响尚无定论。法官们坚决要求提供关于所涉所有风险的完整和有效的信息。参见最高行政法院 2019 年 6 月 26 日判例和宪法委员会 2021 年 3 月 19 日判例。

法律已经划定了禁止喷洒的保护区,规定了防止散播到第三方财产的措施(部级宪章)以及对空中喷洒的特别控制,对违规行为将进行民事和刑事处罚。另一个问题是污水处理厂废污泥的倾倒,其中 60% 被农业生产吸收。使用废污泥作为肥料可能是危险的,因为其中含有重金属,如铅或钙。应当确定其为废物,采取相关管制措施。

(3) 有机农业

化学农业的滥用引发了消费者的抗议,以及人们对有机或"理性"农业的兴趣。现已建立专门针对某些产品(称作有机产品)的许可证制度,这些产品的制备只使用天然有机物。认证由权威认定机构颁发,"高环境价值"(HVE)认证标签也是如此。2006 年 1 月 5 日的法律鼓励恢复传统方法,通过向承诺采取农业环境保护措施的农民提供税收优惠的方式,确保农业的可持续发展。有机农业面积增加,占种植面积的 10% 以上。

三、 环境法和城市规划法[①]

对人性化城市的追求,即居住环境舒适性的吸引力激发了对空间合理布局的思考,城市规划法在规划土地、实施大型城市规划项目和建筑许可证颁发等方面都对其有所考虑。"城市生态"(écologie urbaine)的概念已被纳入欧盟法(参见 1991 年欧盟通过的城市环境绿皮书),而"可持续城市"的概念也已出现,特别是在值得关注的《奥尔堡宪章》(1994 年 5 月)中。所有缔约城市都以第一人称宣示了城市的权利,特别是城市的义务。自 1983 年以来,法国的城市规划已将权力下放给市镇一级,市镇当局对尊重城市规划文件和保护环境负有主要责任。

1. 环境和土地利用规划

法律法规要求城市规划文件必须包括环境保护的条款,这些规定体现在"分区"(zonage)和为数众多的"地役权"(servitudes)的建立上。

---

① Voir J. Morand-Deviller, *Droit de l'urbanisme*, Dalloz, Mémento, 2023.

（1）主要原则

《城市规划法典》首先宣布了一项原则声明，"法国领土是国家的共同遗产"。每个公共团体、管理者和担保人都必须"以节约的方式管理土地"和"确保自然环境和景观的保护"（《城市规划法典》第 L.110 条）。为此目的，城市规划文件规定了确保"有控制的城市发展与保护自然空间和景观之间的平衡"的条件（《城市规划法典》第 L.121-1 条第 3 款规定了应考虑的环境保护要素）。

领土协调纲要（SCOT）确定了城市和城市化空间与自然、农业或森林空间之间的主要平衡。领土协调纲要应评估这些准则对环境的可预见影响（《城市规划法典》第 L.122-1 条）。领土协调纲要于 2020 年进行了现代化改革，包括一项战略发展计划（PAS）、指导方针和目标文件（DOO），并附有介绍报告。法国 86% 的市镇都有已经批准或正在执行的领土协调纲要。

地方城市规划（PLU），无论是市镇的或市镇间的，其环境方面的约束义务在不断增加。地方城市规划由五份文件组成：介绍报告，可持续规划和发展计划（PADD），整治和计划指南（OAP），守则和附则。根据 2001 年 6 月 27 日欧洲指令的要求，对可能对环境产生重大影响的地方城市规划进行环境评估是强制性要求。

保护报告应"分析环境的初始状态"，并说明该地方城市规划是如何"考虑环境保护和开发的需要"。可持续规划和发展计划制定了城市规划和整治方法,以"促进城市更新,保护建筑质量和环境"。

(2)分区和地役权

土地使用密度、位置,建筑物的容积、高度的相关规则往往是间接保护环境的。与环境保护更为直接相关的是"地役权",一方面产生于地方城市规划划定的自然区域,另一方面产生于受保护的森林区域。

自然区域和森林区域,即所谓的"N区",是指"因名胜和自然环境、景观的质量及其在美学、历史和生态方面的价值而需要保护的;或由于林业开发;或因其自然空间的性质,需要保护的市镇区域,无论是否配备齐全"。原则上,这些地区禁止建设。这一分类并不受土地所有者的欢迎,却是保护自然空间最有效的法律手段之一。

对于分类林地,《城市规划法典》建立了一项严格的保护制度,禁止任何可能危及林地保护的变化。

2. 环境和实施性城市规划

"领土规划和可持续发展指令"(DTADD)的目的是确定国家在土地利用规划方面的基本方向和关键问题,并确保保护自然空间、风景名胜和景观。其对地方城市规划的影响只是间接的,其灵活性允许尊重当地的选择。目前有七个领土规划和可持续发展指令已生效。

在创建合作开发区(ZAC)或具有一定重要性的分区之前，需要进行环境影响评价。此外，开发商应说明项目被选中的原因、项目是否适合环境以及是否符合可持续规划和发展计划的要求。

3. 环境和城市规划许可证

自 2005—2007 年改革以来，城市规划许可证的发放简化为三份：建设许可证、拆除许可证、土地整治许可证，在配有地方城市规划的情况下，这是负责权力机关——市长，代表市镇当局——签发许可证，对未来施工可能对环境造成的任何损害进行彻底审查。

除了地方城市规划规则的框架和特定项目或特定区域(参见沿海和山区)的具体规定外，还采取了一般性措施，以环境保护的名义限制许可证的发放。主要要求在《国家城市规划条例》(RNU)的框架内运作。

基于环境考虑可能拒绝许可或需要特殊许可条件的情形有很多：危害公共健康和公共安全的建筑(《城市规划法典》第 R. 111-2 条)，可能受到严重危害(nuisance)的风险(第 R. 111-3 条)，可能导致分散的城市化与周围自然空间的使命不符(第 R. 111-14 条)，以及可能对环境造成有害影响(第 R. 111-26 条)，或可能损害"邻近地区、风景名胜,自然和城市景观和纪念性景观的特征或利益……"(第 R.111-27 条),后两种限制是开发商最害怕的。

因此,行政当局不乏可参考的规则,以保护环境免受可能对其造成无法接受的损害的建设或改造的影响。在规则灵活或允许的情况下,他们有适当的自由裁量空间(所谓的"自由决定权"),行政法官只对明显的评估错误进行处罚。当规定具有强制性和拒绝颁发许可证的情况下,法官将行使一般审查权。

4. 战略环境影响评价

战略环境影响评价制度来源于 2001 年 6 月 27 日关于评估某些规划和方案对环境的影响的欧盟指令,并在法国通过 2004 年 6 月 3 日的法令予以转换(第 R.122-20 条)。对于对环境有"重大影响"的空间规划指令(DTA)、领土协调纲要和地方城市规划,战略环境影响评价是强制性的。上述城市规划文件应在其提交的介绍报告中,在对环境的初始状态进行分析后,说明规划实施的预期影响、项目的详细说明、为减轻不利影响而设想的措施(根据避免—减少—补偿的目标),通过参考进行评估,并出具一份非技术性摘要。

第四章 污染和损害防治法

> 如果人类失去了地球,那么赢得月球就毫无意义。
> ——弗朗索瓦·莫利亚克

对污染和损害的防治,由普通行政治安规则(police administrative général)和为数众多的专门治安规则(polices spéciales)调整,包括"分类设施"(installations classées)规则。与此同时,还制定了针对如水和空气等特别容易受到威胁的环境要素制定的具体规则。废物处置和防止噪声污染也成为日益严格的规范性框架约束的对象。所有这些整体上是由欧盟条例和指令驱动的。与污染所作的斗争揭示了健康权与环境法之间的密切联系。污染和损害防治也同时推动了能源法和新兴的气候法的发展。

一、 分类设施法

为了保护人们免受城市环境中的污染设施所造成的滋扰,

人类制定了一些古老的法律,它们是环境法的开端。例如早在14世纪,巴黎就禁止在城内畜养动物,15世纪开始对水污染进行规制,17世纪出现了"肉店屠宰规则"。污染的防治由不同机关不同类型的治安规则予以规定,其关系是互补而非竞争的。

市长根据其普通行政治安权(或称普通行政警察权),负责公共安全、安宁和卫生:防治噪声、气味、空气污染,或者更概括地说,市长负责防治"任何类型的污染",负责"分类设施"的职权则归于省长。

分类设施制度的演进有三个关键节点:1810年、1917年和1976年。我们将单独讨论一种更加特殊类型的分类设施——核电站。

1. 分类设施的不同类别

1810年10月15日,拿破仑颁布的一项关于不健康、不方便和危险的三类制造业和车间的政令,具有非凡的先见之明,试图调和新兴工业需要和公众卫生保护之间的矛盾。政令根据危害程度划分了三种类别,要求在开业之前获得许可证,而与居住区的距离则是决定性标准。这一看似严厉的制度在当时实施时拥有一定的灵活性:因为必须鼓励工业发展。1917年12月19日的法律证实了这一点。

当环境成为优先事项时,1976年7月19日的法律加强了对"为了保护环境的分类设施"(ICPE)的限制:将范围扩大到包括农业在内的所有活动——"无论其由自然人或法人经营或持有,是公共的还是私人的"。通过划分两类设施来加强管制:需要"授权"的设施和需要"申报"的设施,这两类设施都必须列入定期修订的分类设施"名录"。根据这项规定,超过50万个机构被归类。其中5万个需要经过授权,包括8400个采石场。2009年6月11日的法令增设了第三类简化的授权种类,需要"登记"的设施。此外,最危险的设施大约有1400个,必须遵守"塞维索"(Seveso)欧盟指令的约束。《环境法典》第五卷第一章"污染、风险和损害的预防"专门讨论"分类设施"(第L.511-1条及以下)。[1] 具有环境风险且不属于分类设施的设施、工程、施工和活动,受类似制度的约束,程序已简化为统一的环境许可证。

(1)需经"授权"的设施

① 申请书

申请人必须向省长提交一份非常全面的申请材料,其中应首先包括环境影响评价和危险研究,用于分析潜在的事故风险,救援组织和工作人员的安全状况。申请书还必须附有已提交建筑许可证申请的证明文件。必须组织进行公开调查,并向公众

---

[1] 分类设施规定适用于"可能对邻近地区、公共卫生、公共安全、农业、自然和环境保护、合理使用能源或保护遗址、古迹和考古遗产构成危险或不便的任何设施"。(第L.511-1条)

公布调查专员得出的调查结果。

② 授权

拒绝或批准的决定属于省长的职权范围,国防部长对其权限范围内的军事分类设施作出决定。

该授权是总体性的,总是包含有关于不超过排放标准、污染控制措施和干预措施的技术要求,被视为该工业企业对防治任何损害的承诺,承担手段、结果的义务。从这个角度来说,授权应考虑到申请人的技术和财务能力,要求其制定灾难情况下的操作计划。

③ "塞维索"型设施①

该类设施是指"可能因爆炸或有害产品的排放而对周边居民的健康和安全以及环境造成非常严重的危险"的设施(第 L.515-8 条)。托雷峡谷(Torrey Canyon,1967 年)、塞维索(1976 年)、阿莫科卡迪兹(Amoco Cadiz,1978 年)、三里岛(1979 年)、艾克菲斯克(Ekofisk,1980 年)、博帕尔(Bbhopal,1984 年)、切尔诺贝利(1986 年),如此多痛苦的记忆都向我们揭示了"重大"事故的技术风险,这些事故迫使公共当局就预防风险和组织救援提出具体要求。欧盟发布了三项指令:塞维索 1(1982 年)、塞维索 2(1996 年)和塞维索 3(2012 年),规定各成员国应承担采取措施防止重大事故的一般任务,并定期向工业界收集

---

① 这是一起发生于 1976 年 7 月的严重事故,当时发生了一次爆炸,造成二噁英的泄漏和整个伦巴第大区的污染。

准确信息。将为临近居民建立一种"冻结性保护制度"(glacis de protection),以控制未来的城市化。运营商必须致力于最大程度的预防和安全目标。

(2)需要"申报"的设施

报告现在可以在线向省长提交,旨在向行政当局报告所涉设施的性质及其运行条件。所需提供的文件相对简单,因为其所涉及的是污染和危险性相对较小的分类设施。省长应登记申请,向申请者提供申报收据,并向其传达要求遵守的适用技术要求的副本。省长可根据当地实际情况设定新的、更严格或放宽的规定。运营商应提交其意见。

(3)需要"登记"的设施

为了回应公众对烦琐的授权程序的批评,2009年6月11日的法令规定了简化中间审批制度,适用于根据部长令规定的一般性要求可以防止危害的设施。简化了文件审核的程序:既没有要求环境影响评价,也没有要求危险性评价,只组织简单的公众咨询,而不是公众调查。在收到分类设施监管机关的意见后,由省长宣布登记或拒绝登记,并可规定进一步的补充要求。

2. 监管和预防

(1)一项专门的治安规则

如果转移至新地点、运营商变更或设施发生重大更改,则必须更新授权、登记或申报的申请。任何可能损害受保护利益的事故或事件均必须尽快报告。

分类设施带来的意外或长期风险表明,赋予省长在行使专门治安规则中的重要权力是合理的。如果运营商未能履行其义务,则应催告其遵守这些义务,如果没有后续行动,则可要求运营商寄存一笔相当于将进行的工程金额的款项,强制运营商安排施工,费用由运营商自行承担,并暂停设施的运营。

监管是通过分类设施监管机关来实现的。经过宣誓的分类设施工程师可行使访问权,要求公司提供所有信息,并由经批准的实验室进行任何验证,费用由运营商承担。每年进行近2万次检查。

(2) 分类设施的环境保护:技术风险预防规划(PPRT)

危险工业区的周围城市化发展是一个严峻问题。当然,可以在分类设施的周围划定保护区,但城市化的发展,使其越来越接近这些风险设施,2001年9月图卢兹AZF工厂的硝酸铵仓库发生爆炸,造成31人死亡,2500人受伤[1],这表明迫切需要加强分类设施周边地区的管理制度。

2012年7月4日的塞维索3欧盟指令适用于欧盟约10000家相关设施,其中1301家在法国。2003年7月30日的《关于

---

[1] 管理公司被判负有刑事责任;参见刑事大审法院2019年12月17日判决。国家机关未能履行其监督职责的理由并没有被采纳;见最高行政法院2014年12月17日判决。2019年9月,在鲁昂又发生了一起严重事故,涉及路博润(Lubrizol)公司,被列为塞维索等级事故。

防止技术和自然灾害以及损害赔偿法》加强了政府的行动手段和企业所需提供的保障。这项部署的核心是制定"技术风险预防规划"(第 L.515-15 条及以下),以减少"可能发生的事故"的影响。该规划是围绕着"可能对公众的健康或安全构成非常严重的风险"的塞维索设施制定的。

技术风险预防规划是由省长制定的,具有公共事业地役权性质,并附在地方城市规划之后。技术风险预防规划(PPRT)可确定禁止开发和施工,或者需要遵守特殊要求的区域。"冻结性保护"可以根据以下几种手段来实现:远离地役权,市镇的优先购买权,放弃权,在确定为"对人类生命构成非常严重危险的重大事故风险"时的征用权。该法还加强了公众知情权和企业工作人员的信息披露义务,以提高对风险的认识。

救援的组织是以"救援组织计划"(ORSEC)为基础的,该计划由省长负责管理,省长在发生事故时发出一般命令。而"应急方案"(plan d'urgence)根据风险的性质更具体地进行调整,每五年修订一次。PPRT 涉及 407 个工业基地和 800 多个市镇。PPRT 的实施时间较晚,在规定制定的 390 项 PPRT 中,有 385 项在 2020 年获得批准。

(3)设施的尾声:受污染的土壤

法国远远落后于其他国家,正在编制一份土壤受工业活动污染的地区清单:BASOL 数据库(需要采取修复的地点)列出了

7000多个地点。基于这一评定,立法者进行了干预,试图回答这一特别敏感的问题。立法通过确定污染的责任方,对这一问题作出了回应。如果污染源是分类设施,由最后一个运营商负责;如果它来自于其他非分类设施污染源,由废物的生产商或持有人负责。或者,在有重大过失的情况下,土地所有者可能会受到指控(参见最高行政法院2011年7月26日"瓦特雷斯案"判决)。在某些条件下,可以要求母公司,而不是已在法院清算的子公司负责营业结束时的场地恢复。

并不是强制要求将场地恢复原状,需要结合考虑风险和"可接受的"成本。修复应考虑到"场地未来的用途"。在发出催告后,如不进行修复,可委托环境和能源管理局(ADEME)强制施工,并为此收取与工程金额相当的一笔押金。

无论是在交易过程中向收购方或承租方提供信息,还是在土地状况允许的情况下建立"土地信息披露环节",这些措施都使知情权得到加强。这些图表文件附在地方城市规划之后。申请建筑或开发许可证时应提供保证此类研究的证明。

在实践中,当一个分类设施被永久关闭时,市镇当局或市镇联合体、省长和运营商就土地复垦达成协议。修复义务的期限为30年(参见最高行政法院2003年7月8日"瑞士铝业案")。

3. 制裁和诉讼补救措施

1976年7月19日的法律规定,省长须对不遵守规定的经营者处以罚款。行政处罚独立于法院的刑事处罚,按以下顺序排列:催告;强制施工,由经营商自行承担费用;或更有效的操作——收取待完成工程所需金额,并在执行过程中逐步退还该笔金额;临时关闭;永久关闭。

与分类设施相关的诉讼具有许多独特之处,而且赋予法官很大的权力。对授权令或拒绝令提出上诉的独特之处是延长了诉讼时效,将第三方的起诉时限延长为四年。除了对授权令提起的诉讼外,与分类设施相关的其他诉讼均为完全管辖权之诉,而且行政法官(早在 1995 年法令扩大其颁发强制令权力之前)拥有超常的权力,除撤销权外,行政法官可以取代行政部门,提出例如修改对工业企业的技术要求,催告开发者使其状况合规,或命令其暂停营业,直到省长作出最终决定。这是一个完全管辖权之诉。

行政机关的责任是过错责任(responsabilité pour faute),关于危险设施和活动造成风险的判例很少被采纳。

过错可能是由于非法行为(非法的拒绝或授予许可证并且造成了损害),或者市长行使其一般警察权力的不作为,或者省长和分类设施监管机关的不作为(惰性、缓慢、监管不力)。

开业许可证的发放,对第三方权利有所保留,第三方可以以"邻里关系不安"(troubles de voisinage)为由,对造成损害方提起民事责任诉讼。但是,如果受害者是在污染机构已经建成后进驻的,则该损害赔偿诉讼将不予受理,因为判例法认为其违反了

"注意义务"。

4. 核安全和基础核设施

广岛事件是核能的原罪。和平利用核能("恶魔与圣水的混合物")被公众接受有一定的困难性。核电站逐渐融入法国的版图,这是来自于对能源独立的渴望所激发的一种政治取舍。其他国家如德国,做出了不同的选择。包括《核安全公约》(1994年)、《欧洲原子能共同体公约》(1957年)在内的国际公约和许多欧盟指令规定了预期的保障措施。在法国,关于这一问题的第一部一般性法律是2006年6月13日《核透明度和安全法》。

法国有170多个核安全和基础核设施(INB),其相关规定是《环境法典》的一个专门章节(第L.591-1条及以下)。其内容是关于"基础核设施的设计、建造、运行、关闭和拆除以及放射性物质运输的所有技术规定和组织措施",目的是"预防和减轻事故的影响"。

(1)设立

在分类设施中,对基础核设施(INB)①适用特殊制度。基础核设施只有经过多项审批才能设立:取得许可证,在此之前需进

---

① 属于固定设施,包括19座核电站、粒子加速器、放射性物质制备厂和放射性废物储存或处理设施。

行公众调查;占用公共财产、清理、取水、排放气体和液体放射性废物的许可证;建筑许可证。申请材料的审核和调试是在封闭的环境中进行的,而且仅限于法国原子能署(CEA)、法国高杰马公司(AREVA)和法国电力集团(EDF)的工程师和经理参与。

反核组织在所有战线上都进行了战斗。除了在当地举行时有暴力的示威活动外,他们还对所有的计划提出质疑,并利用一切法律救济在法官面前展现他们的观点,而法官只能在这场"国家理性"(raison d'Etat)导致的争议中保持沉默。

针对设立许可的政令提起的越权诉讼从来不可能导致其撤销,针对公共利益声明提起的诉讼也一样败北,关于这两份文件独立性的理由被法院所坚持。关于实质内容,最高行政法院统一口径:"由于国内能源需求和可用资源之间的不平衡,有必要以不同于通常使用的方法发展电力生产。"(参见最高行政法院1979年5月28日"萨瓦省案"。)

(2)运行

核事故虽属罕见,但鉴于三里岛核事故,特别是切尔诺贝利核事故的严重后果,而且由于核事故会造成连锁反应,自然环境中的放射性污染风险无论多么隐蔽,都令人担忧。

在预防措施和打击恶意行为方面,核安全受到严格管制。基础核设施最初只受到监管措施的约束,直到2006年6月13日《核透明度和安全法》颁布,加强了核安全方面的要求。永久关闭和拆除是一项精细而昂贵的工程,而且目前仍然不明确:参见围绕费森海姆核电站退役相关的争议。

监管主要由国家核安全局(ASN)负责,该局是一个独立的行政机构,其决定和意见"根据法律规定的保密规则"公布。国家核安全局负责:设立基础核设施申请的预审,确定风险预防的要求,授权设施投入使用,在基础核设施拆除后宣布退役,宣布行政处罚。永久关闭后的拆除是一项耗时且昂贵的工作,需要清除所有放射性物质,这已成为未来至关重要的事项。2020年,有27个基础核设施正在拆除。2006年6月13日的法律不适用于国防设施,该法原则上规定公民有权获得"可靠和可获得的核信息"[①]。在每个省,地方知情委员会将由省议会设立。核集团正在向某种程度的"透明度"和民主辩论开放,特别是全球变暖和乌克兰战争所造成的能源危机,使得各国政府承认和平利用核能的好处。

二、水的保护和管理

地球上的水主要是咸水(97%),所有淡水不到3%。在过去,水因其取之不尽,而被看作无主物(res nulius)。但随着人口增长和用水量的指数级增长,淡水已成为一种稀缺的财富。水

[①] "人人有权……了解与核活动有关的风险及其对人类健康和安全、环境和设施废水排放的影响。"(第2条)

资源的保护管理是一个双重问题,同时涉及数量方面(防止地表水短缺的风险)和质量方面(防止污染的风险)。当务之急是解决浪费、污染和用水不平等的问题:一个法国人的用水量是美国人的三分之一,但却是非洲人的七倍。世界上五分之一的人没有安全饮用水。这里只讨论淡水问题。

国际法早期关注淡水污染问题(《1909年美加条约》)。大多数公约只涉及某一特定的湖泊或河流(参见1976年12月3日《莱茵河公约》、1995年4月5日设立湄公河委员会的公约)。

2000年10月23日的一项欧盟框架指令纳入了多项欧盟指令,该框架指令规定设立"水文区",并归类了在环境保护、饮用水供应、控制水资源的其他利用、防止干旱或火灾方面要实现的目标。

在法国法律中,考虑到建立国家水资源综合管理制度必要性的第一个一般性水法律是1964年12月16日的法律,该法将法国领土分为六个河流流域,创设了新的机构,并为其管理提供资金支持。1992年1月3日的法律为这一制度作了一些有益的补充,2006年12月30日的《水与水生环境法》(LEMA)加强了规划和综合管理,引入了一项"用水权":"水的使用权属于所有人。每个自然人都有权在所有人经济上都能接受的条件下获得饮用水,以满足其饮用和卫生需要。"

1. 水资源的管理和整体保护

1992年1月3日适用于地表水、地下水和领海的法律规定,"水是国家共同财产的一部分"。从可持续发展的角度来看,对其进行保护、开发和发展是"公共利益","水的使用权属于所有人"。①如前所述,立法者规定了获得饮用水的真正权利,这些原则可以防止在资源稀缺的情况下私有化和商品化的风险。法国水相关的法律主要来源于欧洲指令(约30项)。"水和水生环境"是《环境法典》中最长的章节之一(第L.210-1条及以下)。

(1) 规划机构和工具

水制度的特点是范围和体制的特殊性。

① 流域

法国的河流绵延27.7万公里,湖泊覆盖5万公顷。1964年法律在法国本土建立了六个盆地:阿杜尔/加隆、阿托瓦/皮卡迪、卢瓦尔/布列塔尼、莱茵/默兹、塞纳/诺曼底、罗纳/地中海以及科西嘉岛和乌特梅尔的六个盆地。这些选区符合物理和水文标准,其边界与地方政府行政区域划分不同。

② 行政结构

水政策的实施由流域协调省长负责,他与地方当局和环保机关(EP)谈判并缔结协议,制定水资源规划与管理总体纲要(SDAGE),协调各省省长的行动。

---

① 2000年10月23日的欧盟指令宣布:"水与其他商品不同,它是一种遗产,必须得到保护、捍卫和认真对待。"

在每个流域,由国家代表、地方当局、水用户和获得资格人士组成的流域委员会,就开发整治的适当性和收费费率事项提供咨询。该委员会在不同的地方和国家利益之间充当仲裁者,为水务局和水资源规划与管理总体纲要提供指导方针。

1964年法律最具独创性的创新是成立了水务局。水务局是环境行政机关,负责促进共同利益的行动,根据向水中排污的数量和质量,征收和重新分配对污染者所征收的费用。它们在法律规定的优先准则范围内通过多年期干预方案。省长还可以设立地方水务委员会,负责制定和监测水资源规划和管理计划(SAGE)的实施。

1992年法律旨在促进平衡和可持续的管理,承认资源的水文统一性及其所有组成部分的相互依赖性:雨水、地下水、泉水、池塘、国有和非国有水道,即使其所有者的权利不同。

③ 规划

水资源规划是特殊的,在两个层次上发挥作用。在流域一级制定了水资源规划与管理总体纲要(SDAGE),有效期6年,可续期。水资源规划和管理计划(SAGE)在较小的水文单位中运作,以确定水资源利用、开发和保护的总体目标。水资源规划与管理总体纲要由流域委员会制定和通过,在项目进行环境影响评价后由省长批准。水资源规划和管理计划由地方水务委员会制定,经环境影响评价和公众调查后,由省长通过。

这种规划不光是指示性的,因为城市和国土规划文件,以及所有与水有关的行政决定都必须与水资源规划与管理总体纲要相一致。

水资源规划与管理总体纲要实施得相当快。水资源规划和管理计划的起草则更为费力:为了管理河流,水资源规划和管理计划可以创建蓄水区和径流区。

（2）防治污染的综合行动

议会每六年确定一次与水资源相关计划的优先方针。法国生物多样性办公室负责协调参与水政策的各方的行动。流域协调区省长有权在必要时在地方一级制定加强部长级的规定的详细规划。合同手段很常见:如河流、流域、山谷、地下水合同。

农业硝酸盐污染越来越引起公共当局的关注,后者在执行 1991 年 12 月 12 日的硝酸盐指令（Nitrates）方面遇到困难[①]。根据对脆弱地区（地下水和地表水供应地区,特别是供人类饮用的集水区）的调查,法国大部分地区（约 70%）因硝酸盐超标而被列为脆弱地区。

《农业良好实践守则》、国家和大区行动方案以及基于自愿的农业环境措施仍然不足,与欧盟的冲突仍然没有消失。

在受到多次警告之后,法国仍因未能遵守硝酸盐指令而受

---

① 该指令旨在保护欧洲水质,防止来源于农业的硝酸盐污染地下水和地表水,并促进改善农业方法。

到欧盟法院的指控(参见2013年6月13日和2014年9月4日的欧盟法院判例),由于对于指明脆弱地区和保护措施不足,欧盟委员会随后向法国发出了催促履行的通知。

(3)财政手段

1964年法律设想了一个创新的收费制度,其基础是设立由污染者提供资金的清洁援助资金。众所周知的"污染者付费原则"很难付诸实践,但在这里却得到了有效应用。

费率取决于预计的清理工作。两项主要费用是取决于用水量的取水费和与水质恶化有关的污染费,按"最大排放月正常生产日的污染量"收取。它适用于家庭(通过供水公共服务)和非家庭用途,旨在根据科学计算,建立污染程度和应付金额之间的对等性。

这项收取的费用再被重新分配,通常以贷款或补贴的形式,提供给改善水质的公共或私人工程,如污水处理厂。这项费用既不能被视为准财政税,也不能被视为所提供服务的价格,因此具有"特殊性质"。有关争议由行政法院审理。水用户代表在水务局董事会中具有影响力,这种伙伴关系的新社团主义确保了管理的有效性。审计法院批评了该系统的不透明和用户之间分配的不公平:85%的费用由个人承担,20%由工业企业承担,只有1%由农民承担,而农民由于灌溉土地实际上是水的主要消费者。

在经历了针对国有化和划拨(non-affectation)方面的批评之

后,特许权使用费最终没有归入一般环境污染附加税(TGAP)。在对水务机构的年度征税中存在一个附属系统,用以支持2000年设立的"国家水团结基金"。

2. 个人使用控制

对水用户的限制和约束成倍增加,规则分散在众多文本中;其中最重要的是控制排放和打击违规活动。

(1) 取水和排放控制

① 保护区

在供人类饮用的集水区周围设置保护区域。根据水质所受的风险大小,可以区分直接保护区、近距离保护区或者远距离保护区。在产生"绿色潮汐"的蓄水流域,可以在成片侵蚀区或湿地区域采取特殊措施。

② IOTA

设施、作业、工程和活动(IOTA)如果涉及非家用地表水或地下水取水,应遵守报告或授权制度。IOTA根据所涉及的危险进行分类。它在与分类设施合并之后现已成为一项统一的环境许可制度。

除了对可忽略不计的有害排放的豁免外——其影响根据对河流的最大和最小损害参数计算,可能对公众健康和安全构成威胁、破坏自由流动和减少水资源的排放,必须在公众调查和各种听证程序之后,经省长命令进行授权。该省长命令附有申请人承诺遵守的准确和严格的技术要求。如果出于公共利益的需要,应依职权修改或撤销授权。

对某些有害物质(如不可生物降解的洗涤剂)或某些地点的作业(废弃的水井和钻孔)实行全面禁止。

(2) 供水和水净化

作为一项社区服务,供水传统上由市镇当局负责。要么是官办,通常是市镇间的;要么由公共服务的代表管理,大公司控制瓜分了大部分份额。该机制旨在寻求水价的某种真实性,并提供了内部均等化、渐进或有区别的定价,及根据"获得水的权利"向最贫穷者提供援助的可能性。

水净化也是市镇当局的责任。与集体净化支出有关的费用,包括污水处理厂的建设和运营以及由此产生的污泥的处置[1],是市镇当局的强制性支出。被授权人必须提交一份关于该设施运作情况的年度报告,并严格遵守竞争法的要求。正在研究供水和净化这两种服务的整合。

(3) 惩罚

针对对环境执法不统一和低效的批评,2012年1月11日的法令简化和协调了不同的环境行政政策和司法政策。对《环境法典》中的200多条条款进行了修订,并将"关于管制和惩罚的

---

[1] 废水处理过程中产生的"污泥"被视为废物,可能会造成污染。因此对其使用受到控制甚至可能被禁止,特别是在水生环境中。责任归于污染者。

共同规定"合并为一编。水和水环境政策、渔业政策和废物倾倒政策已被合并,水设备名录与分类设施名录协调一致。

污染罪的特点是对健康、动植物造成损害,即使这种损害是暂时的,其适用于所有水域,无论是淡水或咸水、地下水或地表水、封闭水域还是开放水域——这与以前的制度相比无疑是一个进步。如有废弃物被倾倒或遗弃,不需要达到损害程度,有具体犯罪事实就足以认定犯罪。

水务治安规制与渔业类似,存在一种刑事和解制度(transaction pénale)。经共和国检察官同意,行政机关可就违法行为的起诉达成和解。如果侵权行为的实施者在规定的期限内履行了和解条件,起诉程序即告终止。

三、大气污染

空气质量的保护,受温室效应、平流层的臭氧层变薄和数不胜数的被动或主动污染因素,所带来的问题甚至比处理水污染问题更为复杂。因为在三维空间中,污染源无休止地扩散。气候变化后果的严重性[1]和污染的无国界性,使这一问题成为国际层面的问题,虽然采取行动的紧迫性是显而易见的,但缺乏政

---

[1] 除干旱外,全球变暖还导致海平面上升、高山冰川退缩和极地冰雪消融。小岛屿国家联盟将受气候变化影响最大、温室气体排放最少的 44 个国家聚集在一起,是国际会议的前沿。

治共识使来之不易的协议无法奏效。同样,在这个领域,欧盟指令具有决定性。越来越多的管控涉及排放、产品和环境。

1. 国际法律规范

国际公约。第一批国际大气污染防治条约:《长程越界大气污染公约》(1979年)、《保护臭氧维也纳公约》(1985年)和《蒙特利尔议定书》(1987年)的效果非常有限。1992年在里约签署的标志性的《联合国气候变化框架公约》和缔约方年度会议之后签署的协定,如1997年签署的《京都议定书》亦是如此。该议定书2005年生效,但包括美国和中国在内的大国尚未签署。在《联合国气候变化框架公约》第21次缔约方大会(COP 21)框架内,2015年12月12日《关于全球变暖的巴黎协定》规定继续努力将气温上升幅度控制在+1.5℃以内。碳中和是指减少温室气体排放,使其通过碳汇(森林、海洋、气候恢复技术、碳捕获和储存)逐步抵消。该协定的第一次全面审查将于2023年进行,此后每五年进行一次。这项协议确实向前迈出了一大步,但却在有些方面受到很多批评:例如它对二氧化碳排放大国的约束力很小,没有提到碳定价和化石燃料开采——这是生态变化的一个重要因素,且未涉及航空和国际航运温室气体排放。并且不幸的是,我们必须看到,随后的缔约方会议进展甚微。

欧盟签署了《巴黎协定》并宣布希望成为"全球可再生能源和应对全球变暖的领导者",一直在稳步推进其目标。2020年12月10日和11日,欧洲理事会批准了一项具有约束力的目标,即到2030年,欧盟温室气体排放量在1990年的基础上至少净减少55%,以实现2050年欧盟碳中和的目标。

2. 国内法律规范

空气质量是国家共同遗产的一部分(第 L. 110-1 条),应对气候变化是法国的环境优先事项之一,这一点在2015年8月17日的《绿色增长能源转型法》(LTECV)和2021年7月20日的《气候恢复力法》中都得到确认,并承诺到2030年将温室气体排放量至少减少55%,达到欧盟设定的目标。将气候问题纳入所有部门政策的趋势正在加强。

(1)规划

空气规划首先是国家事项:气候计划(Plan Climat)围绕6个关键问题分为23个轴心,其主要目标是到2050年实现碳中和,到2040年结束法国的化石燃料的开发。欧盟委员会将每五年对其进行一次评估。其次,气候规划是权力分散性质的,包括"气候-大气-能源区域计划"和发展积极能源的绿色增长区域(近550个),以及生态转型合同。在大区一级,国家和各大区正在共同制定大区生物量纲要(schémas régionaux biomasse)。

更直接运作的是城市交通计划(UDP),在人口超过10万的居民区是强制性的。该计划定义了人员和货物的运输组织,寻求发展公共交通和清洁交通,如自行车。同时包括环境影响评估,领土协调纲要和地方城市规划必须与之兼容。

(2) 具体措施

应对空气污染还包括对某些行为或活动采取具体措施,这是根据2021年8月22日通过的《气候恢复力法》在前述国际公约之后制定的。具体措施包括有关地面和空中运输、环境标志、城市规划和住房绿化,以及通过两种新的罪行:生态灭绝(écocide)和危险行为(La mise en danger)。然而,有人批评说,太多的措施仍然只是指导方针,使人对其有效性产生怀疑。

3. 服务于应对气候变化的市场

《气候恢复力法》的一个贡献是,绿色公共秩序成为一项义务。在国际一级,全球变暖造成严重威胁,其中一个原因是温室效应,因向空气中排放特别污染的气体①而产生,这促使各国作出反应,通过与污染者签合同实施一种独特管制。1997年《京

---

① 二氧化碳、甲烷、一氧化二氮和三种氟化气体:氢氟碳化物、全氟化碳和六氟化硫。配额是"代表相当于一吨二氧化碳排放量的核算单位"。[广义的含氟温室气体是指分子中含氟原子的温室气体,狭义的含氟温室气体仅指《京都议定书》附件A包括的氢氟碳化物(HFC)、全氟化碳(PFC)和六氟化硫(SF6)以及2012年《京都议定书》"多哈修正案"增加的三氟化氮(NF3)。]——译者

都议定书》和一些欧盟指令创设了温室气体排放交易机制,目的是减少或者至少稳定温室气体排放量:这就是现在著名的配额市场(第 L.229-5 条及以下)。这意味着,又一次将市场和管制,作为以往单纯监管的替代办法。

(1) 温室气体排放配额市场

因此而出现的这个庞大的全球碳市场,是建立在总量控制和排放交易的基础上。为期五年的国家配额分配计划规定了国家释放温室气体的最大排放配额量。它还规定了分配标准和受益设施清单(第四个交易期为 2021 年至 2030 年)。受这一贸易机制约束的每个工业设施都有权向大气排放一定数量的温室气体。国家每年向企业发放分配给它的配额。如果经营者成功地将排放量减少到较低水平,则可以将其配额出售给另一个可能超额排放的排放者,而授权配额总量保持不变。

这个制度受到了批评:配额太多,免费太多。在布鲁塞尔欧盟委员会"气候一揽子计划"框架以内,该系统进行了改革。分配的配额总量将减少,只有一部分配额是免费的,其余的将被拍卖,免费配额将在 2027 年取消。

(2) 生物多样性市场

另一个环境"市场"系统在美国启动。这涉及开发商购买"受保护的自然资产信贷",如湿地、稀有森林的一部分,这些资产已经过财务评估。所获资金将用于有利活动,例如保护区域的维护等行动,作为对价,开发商将获得授权进行建设和装备。

法国于2010年启动了第一个试点项目,但由于该系统的复杂性,成效不大。

4. 气候正义

长期以来,气候正义是一个相当边缘化的问题。空气污染造成的损害:农作物歉收、酸雨引起的绿色瘟疫、牲畜慢性氟中毒、人类肺部疾病等,多种多样。案件主要涉及在刑事、民事或行政法院的赔偿责任纠纷,视施害者而定。民事法官经常面对的一个问题是,如何解决超出正常邻里关系问题的争议。在行政法庭上,诉讼往往与分类设施有关。

但最近,法官关于气候正义的新职能在诉讼中被提升到了第一线,环境案件不断增加,判例法在处理重大案件时,不再迟疑地要求公共当局履行其职责。生态转型导致法官转变和更新过往可靠的法律工具。法官往往会更加考虑紧迫性,扩大集体诉讼的可诉利益,甚至在某些国家,扩大到保护后代的未成年人。法官将为非典型的公共利益开放法庭,充分实现"软法"的目标,追求侵权责任法的显著发展,使其具有预防性,并使因果关系的认定更加灵活,通过加大惩罚失职行为,并寻求识别和补救这种在法国刚刚得到承认"纯粹的生态损害"(préjudice écologique pur),其首先是在刑事大审法院(Cour de cassation)的"埃里卡案"审判中得到承认,然后是被立法者确认。在2020

年和 2021 年,在被称为"世纪诉讼"的系列审判中,最高行政法院面对法国政府展现出了坚定的立场,要求其承担责任,采取紧急行动以实现国际温室气体排放标准(见上文)的目标。

5. 能源转型和可再生能源

可再生能源是自然现象的直接产物,从长远来看是取之不尽的第一能源。主要可再生能源有:水力、风能、太阳能、生物质能、地热能和海洋能源。它们被用来发电、供热(有时两者兼而有之:热电联产),或作为运输的驱动力。

近年来,关于能源的辩论已成为当务之急,鉴于传统能源问题的紧迫性,人们对发展可再生能源寄予厚望。2015 年《绿色增长能源转型法》规定,到 2030 年,可再生能源在最终能源消费总量中的所占比例上升至 32%(2013 年仅为 19%)。① 无论是在水力发电、生物质能(占可再生能源的 50% 以上)、地热、太阳能光伏发电以及陆上或海上风力发电领域,研究都取得了重大进展。欧洲是海上风力涡轮机的先驱,在这方面法国落后于英国和德国。中国正在迅速发展风力发电设施,并计划在甘肃建设世界上最大的陆上风力发电场。但全球可再生能源的份额仍低于 20%。2011 年,法国通过了一部《能源法典》。

---

① 法国正在努力赶上其他欧洲国家,如瑞典、芬兰、瑞士和葡萄牙,这些国家的可再生能源占比已经超过 30%。

四、噪声防治法

噪声这种社会公害是一种隐蔽的骚扰,其有害性取决于持续时间、强度、重复频率和适应性。它可能对健康和日常生活质量造成严重危害,是法律难以处理的一种危害。《环境法典》专门设立一编对其加以规制,但其复杂的规定侧重于特定的噪声源,必须与分散在其他法典中的规则相协调。除了环境噪声和高噪声活动的一般规定外,还增加了防止地面和机场运输造成噪声干扰的具体要求。下文将简要概括。

1. 环境噪声防治

环境噪声防治,依据的是"在平衡和有利于健康的环境中生活的权利"(《环境宪章》第1条)和"安宁享受"其住所的权利(参见欧洲人权法院判例)。

(1) 规划

有关噪声防治规定的一般性法律是1992年12月31日法律,经多次修改,现已纳入《环境法典》,编名为"防止噪声干扰"(第L.571-1条及以下)。2002年6月25日通过了一项关于环境噪声的欧盟指令,该指令于2005年被转化为国内法。

噪声污染的预防是建立在逐步加强规划的基础上的，噪声图的目的是全面评估和预测噪声污染的发展，在2003年制定了一项噪声防治行动国家规划。具体规划涉及道路基础设施和机场。

（2）规制

① 普通治安规则

公共安宁是市长的一般治安目标之一。有些近邻诉讼呈现的是一派市井景象：禁止狗吠、鸡鸣、铃声、割草机等噪声。根据普通法，防治噪声的措施必须是必要的和相称的，而非普遍禁止和绝对禁止。

特殊规则适用于某些场所和活动（迪斯科舞厅、音乐厅）以及未列入分类设施清单的企业和设施的噪声活动。一项有趣的举措是倡导在国家和某些承诺加强噪声防治措施的城市之间签订噪声合同，国家为购买控制噪声的设备提供补贴。国家噪声委员会作为一个咨询机构，可以建议其他做法，但其影响力仍然有限。

② 专门治安规则

噪声防治治安规则通常属于专门治安规则。其适用于工业活动，要么是在分类设施的监管框架内，要么在更广泛的卫生法规框架内。它们也适用于住宅建设。一般来说，不允许修建"因其位置而可能受到严重干扰，特别是噪声滋扰"的建筑。隔音是对建筑商施加的新义务之一："必须修建可持续建筑"并交付"高环境质量"(HQE)的建筑。

这些规定大多附有刑事和民事处罚。

2. 陆路运输和航空运输基础设施周围的噪声防治

（1）陆路运输

高速公路、公路和铁路基础设施以及人口超过10万的居民区必须制定环境噪声预防计划，以防止和减少噪声影响，保护地区安静。

在设计和建造地面运输设施时，施工方应采取必要措施，通过设定可接受的阈值，确保噪声污染受到限制。公路和铁路系统中的"噪声超标点"（黑点）必须逐渐消失。这些综合措施比"隔音屏"等局部措施更可取，但后者仍然有其存在价值。

（2）航空运输

在当地居民协会的领导下进行的反对机场周围噪声的斗争，在被忽视多年后，最终促使各项保护措施的完善。

1985年7月11日的法律规定采取相关措施，严格管制机场周围的建筑。噪声暴露规划(les plans d'exposition)的编制是强制性的，是对领土协调纲要和地方城市规划具有约束力的城市规划文件，具有兼容性。在噪声水平较高的区域A区和B区，禁止新建住宅建筑；在噪声水平中等区域C区，只允许有足够隔音的单体建筑。该法规定了某些例外情况(航空活动所需的建筑、已经城市化范围内的建筑等)。在大型机场,晚上10:30至早上6:00之间可能禁止降落。"不退化原则"的再次适用导致了一项撤销判决,因其与博韦机场夜间航班禁令相抵触(参见2021年7月9日最高行政法院判例)。

五、 废弃物的消除

从法律上讲,废弃物是"被抛弃或打算被抛弃的动产",是一种无主物、被放弃的财产(res derelictae)。放弃是对其进行判断的基本标准《环境法典》第 L.541-1-1 条和 2008 年 11 月 19 日的欧盟指令重申了这一点,指出废弃物是"持有人正在放弃,或有意图、有义务放弃的任何物质或物品"。在法国航母"克莱门索"号(Le Clémenceau)出口用于清除石棉物质一案中,被抛弃的"克莱门索"号被归类为危险废物(因为石棉):参见最高行政法院 2006 年 2 月 15 日判例("反对石棉协会案")。同样的情况也适用于意外排放到海上的石油天然气,这些碳氢化合物与水混合,不太可能再进行利用或销售:见欧盟法院 2008 年 6 月 24 日"埃里卡案"。但是,废弃物可能具有经济价值和可交易性。

在当代这种消费社会和浪费社会,对大量产生废物的管理已成为环境政策的一个关键问题①。

1. 不同类型的废弃物

生活垃圾　在法国,每位居民每年产生大约 350 公斤的生活垃圾。处理这些垃圾是市镇当局的责任。其中一半由市镇间成立的联合会进行直接管理,其余则是通过特许经营或租赁的方式与私营公司签订合同来处理。禁止随意丢弃垃圾,那些原始垃圾填埋场已经关闭,储存设施只允许容纳最终的废弃物(即在当前技术条件下无法处理的废物)。

传统的处理方法有三种:焚烧,这种做法有能量回收的可能,但也有污染的风险(烟气和二噁英的排放);堆肥,用于回收作为农业肥料的生物废物;回收,用于生产新材料,这种方法需要个人进行选择性分拣。

工业废物　需要区分:与家庭垃圾(例如包装)相似的工业废物;特殊工业废物要么是惰性的(建筑垃圾),要么是有毒的,要么是最终的。省长对工业废物的处理负有权限。

医院废物　具有特殊感染风险的医疗废物应收集在一次性袋子中,并在医院内部或专业工厂中进行焚烧或预处理(见《公共卫生法》)。

放射性废物　放射性废物处理已经成为一个棘手的问题,

---

① 全世界每年产生近 20 亿吨废物。

尚未找到真正的解决办法。2006年6月关于对放射性废物进行可持续管理的法律和2011年7月19日的《欧洲原子能共同体指令》根据放射性强度和寿命将放射性废物分为三类。根据该指令，来自外国并在法国做后处理的放射性废物不能储存在法国境内。储存中心须具有基础核设施的资质，并受相关具体规定的约束。实验室的建立和运行必须通过最高行政法院的政令获得授权，该政令是在进行了环境影响评价、公众调查并与地方议员和有关民众协商后颁布的。关于储存中心的选址、成本以及这种寿命极长的危险废物的危险性技术上尚未得到控制这一事实的辩论仍然非常激烈。①

2. 规划和规制：增值

2008年11月19日的欧盟指令已于2010年经转换进入法国法，旨在规范或禁止某些产生废弃物的产品的制造或销售，并规定了收集和处理体系。专门的欧盟法规适用于危险废物及其转移和处置，以及某些特定类别的废物：废油、包装、电池、报废车辆等。法国已制定了预防和管理危险废物的大区计划。至于省，则有权制定非危险废物的预防和管理计划。

法国第一部涉及这一问题的法律是1975年7月15日的法

---

① 选择布雷地质中心（默兹省）将大量放射性废物埋在500米深的地下，这项由法国核能废料管理局（ANDRA）管控的工作始于2000年，至今存在争议。

律。原则上规定,废物的制造者或持有人有义务在监管机关的监督下,采用适当的技术处置废物,监管机关在履行催告之后,可自行确保处置,费用和风险由经营者承担。1992年7月13日的法律加强了其规定,处理被再利用所替代。将废物再利用以回收能源的过程(处置废物产生的能源回收)是:焚烧,以蒸汽或电力的形式回收能量,回收填埋场产生的沼气,有机废物和污水处理厂污泥的甲烷化(发酵产生的沼气)。能源回收符合"循环经济"的目标,是工业生态的一部分,旨在将废物转化为原材料。

1989年3月22日的《巴塞尔公约》对危险废物的越境转移作了规定,旨在控制和减少废物的流动,并鼓励各国在其领土内自行处理废物。禁止从非公约缔约国和没有能力有效管理其处置的国家进口或向这些国家出口危险废物。1991年1月30日的《巴马科公约》将这些规定适用于非洲,在拉丁美洲和地中海地区也有类似公约。

在欧盟内部,废物被视为受欧盟内部自由流动原则管辖的货物,但各成员国可以禁止或反对在其领土内转移废物。因此,自由流动的原则不得不让位于不受控制的废物过境的风险。

省长可命令非法带入的废物持有人立即返回原籍国。行政当局有义务保持透明度和提供信息。

3. 责任

废物的制造者或持有人必须在不危害人类健康和环境的情况下，按照处理等级管理废物。可以将废物交给有资质人员处理，但在其消除前仍负有责任。这是一个有利于环境污染受害者的污染者付费制度，1999年"埃里卡案"的一个重大胜利是法官确认了倾倒在海洋中的废物的性质，判决道达尔石油公司的母公司而不是其无偿付能力的子公司承担责任。

2008年11月19日的指令引入了"**生产者延伸责任**"（REP）的概念，令原生产者为其产品对生命和健康的影响承担连带责任，并鼓励他们从源头上减少废物的数量和危害。这是一种旨在加强再利用、预防、回收和其他回收方式的生态设计，符合成本内部化的逻辑。生产者延伸责任涉及负责管理这些废物的所有个人或实体，从上游生产商到最后一个下游持有人。与上文所述的企业社会责任一样，它使企业参与可持续发展。

4. 减少浪费和循环经济

循环经济是通过限制资源的消耗和浪费，并限制废物的产生，以可持续的方式生产商品和服务。这意味着从一个完全是以线性经济（开采、制造、消费、丢弃）为基础的一次性社会，转向更循环的经济模式。它涉及环境、经济和社会问题。需要在几个领域取得进展:可持续采购、生态设计、功能经济(优先使用而不是占有)、负责任的消费、延长产品使用寿命以及改进废弃物防治、管理和回收的方法。

2020年2月10日关于防止浪费和循环经济的法律围绕几个主要方向制定:减少浪费和淘汰一次性塑料[1],更好地向消费者告知信息,采取行动减少浪费,更好地生产以及防止非法倾倒垃圾。加强打击食品和非食品浪费的措施(见禁止销毁新的未售出产品、强制回收、加重处罚、稳定的再利用基金)。对非法倾倒垃圾的制裁正在加重。对以环保方式设计产品的制造商给予奖励。该法扩大了行政部门和消费者的责任。

六、 环境法和健康权

"人人都享有在一个平衡的和不妨害健康的环境里生活的权利。"(《环境宪章》第1条)健康威胁的严重性一直是促进环境法发展的一个重要因素:人类健康取决于自然的健康。生物多样性和气候变化,这两大问题已成为人们关注的焦点,它们正在调动国际社会对健康环境权的关注。众多的宪法、宪章和公

---

[1] 该法案规定了到2025年100%使用回收塑料的目标,以及到2040年停止一次性塑料包装销售的目标。

约都宣告,这项权利是实现其他人权,包括生命权、尊严权和福祉权的先决条件。即使对这项权利的直接援引仍然是谨慎的,即使它更多的是一项集体权利,但宪法委员会是将其作为实体权利并将其适用范围扩大至所有公私法人,规定了专门的警惕义务,以确保其得到遵守。而欧洲人权法院的环境判决是基于"生命权"作出的。

总　　结

　　环境法因其自身优点,在很短的时间就确立了地位。这种新规范和新原则的出现最初是在协商一致和强有力的明确要求的支持下实现的,没有出现混乱或冲突。

　　尽管它后来未能摆脱管理和技术官僚法律的陷阱,也未能摆脱日益冗长和难以理解的规章制度,但它仍然是最具前瞻性和创造力的法律领域之一。在环境法领域里,新一代基本原则占据了舞台的中央,升华了最细致的规则并赋予其合法性。

　　信息的透明度、协商、参与、对风险的新认识、促进权利和义务的结合、自然作为法律主体、保持警惕义务,这些概念的大举入侵丰富了其他法律。从几乎什么都没有到什么都有,民间社会广泛参与和行动起来,党派分歧被打破,污染者签署了良好行为准则,政治将其长期以来忽视的东西提升到伦理价值的首位。鉴于威胁的严重性,法律不能再回避效率的迫切需要。

　　歌德说:"人类最大的两个敌人是恐惧和希望。"两者都必须被驯服。恐惧是有益的,它鼓励人们孤注一掷。而希望则建立在人类社会"公平竞争"的基础上,迫使政治和经济领导人采取新的行动,而不仅仅是庄严的宣言和不兑现的承诺。法律人看到,在他们的面前出现了一片广阔天地,在那里,诉诸法律及其效力成为兄弟般地获得美好生活的途径。

参考文献

Arbour J.-M., Lavallée S., Trudeau H., *Droit international de l'environnement*, Yvon Blais, 2016.
Beurier J.-P., Kiss A., *Droit international de l'environnement*, Pedone, 2017.
Billet Ph., Naim-Gesbert É. (dir.), *Les Grands Arrêts du droit de l'environnement*, Dalloz, 2017.
Boivin J.-P., *Pratique du contentieux des installations classées et des carrières*, Le Moniteur, 2010.
–, *Sites et sols pollués*, Le Moniteur, 2013.
Cans C. et alii, *Traité de droit des risques naturels*, Le Moniteur, 2014.
Code de l'environnement, Dalloz, 2022.
Delzangles H., Lavieille J.-M., Le Bris C., *Droit international de l'environnement*, Ellipses, 2018.
Despax M., *Droit de l'environnement*, Litec, 1980.
Drobenko B., *Introduction au droit de l'eau*, Johanet, 2018.
Fonbaustier L., *Manuel de droit de l'environnement*, Puf, 2020.
Fossier T., Guihal D., Robert J.-H., *Droit répressif de l'environnement*, Économica, 2021.
Lamarque J., *Droit de la protection de la nature et de l'environnement*, LGDJ, 1973.
–, *Le Droit contre le bruit*, LGDJ, 1975.
Lepage C., Huglo C., *Nos batailles pour l'environnement*, Actes Sud, 2021.
Malafosse J. de, *Le Droit à la nature*, Montchrestien, 1973.
Moliner Dubost M., Droit de l'environnement, Dalloz, 2019.
Naim-Gesbert E., *Droit général de l'environnement*, LexisNexis, 2019.
Ost F., *La Nature hors la loi*, La Découverte, 2003.
Prieur M. et alii, *Droit de l'environnement*, Dalloz, 2019.
Rémond-Gouilloud M., *Du droit de détruire*, Puf, 1989.

Roche C., *L'Essentiel du droit de l'environnement*, Gualino-Lextenso, 2013.
Romi R., *Droit et administration de l'environnement*, Montchrestien, 2010.
–, *Droit international et européen de l'environnement*, Montchrestien, 2017.
Thieffry P., *Traité de droit européen de l'environnement et du climat*, Bruylant, 2020.
–, *Manuel de droit européen de l'environnement et du climat*, Bruylant, 2021.
Torre-Schaub M., *L'Essentiel des grands arrêts du droit de l'environnement*, Gualino-Lextenso, 2017.
Van Lang A., *Droit de l'environnement*, Puf, « Thémis », 2021.

期刊

Revue juridique de l'environnement.
Droit de l'environnement.
Environnement et développement durable.
Bulletin du droit de l'environnement industriel.
Jurisclasseur de droit de l'environnement.

集体著作

Mélanges P. Colson, *Environnements*, Pug, 2004.
Mélanges Y. Jegouzo, *Terres du droit*, Dalloz, 2009.
Mélanges A. Kiss, *Les Hommes et l'Environnement*, 1998.
Mélanges J. de Malafosse, *Entre nature et humanité*, LexisNexis, 2016.
Mélanges G. Martin, *Pour un droit économique de l'environnement*, Frison-Roche, 2013.
Mélanges J. Morand-Deviller, *Confluences*, Montchrestien, 2008.
Mélanges M. Prieur, *Pour un droit commun de l'environnement*, Dalloz, 2007.
Mélanges J. Untermaier, *Des petits oiseaux aux grands principes*, Mare et Martin, 2018.

案例表*

Affaire de la Fonderie de Trail(Canada/Etats-Unis) ,Sentence arbitrale,16 avril 1938 et 11 mars 1941　"特里尔钢厂案"仲裁裁决(1938年、1941年)

Affaire du *siècle* 关于气候变化最高行政法院要求法国政府履责的"世纪诉讼"(2021年)

Affaire du détroit de Corfou en 1949,Cour internationale de justice de La Haye (CIJ)　海牙国际法院"科孚海峡案"(1949年)

Affaire de *l'Erika* ,C. cass. crim. ,25 septembre 2012　法国最高法院2012年9月25日刑事判决 首次承认"纯生态损害"的"埃里卡案"

Affaire des paillotes "Chez Francis"　科西嘉岛弗朗西斯之家度假屋纵火事件(1999年)

Alusuisse CE,8 juillet 2003　最高行政法院2003年7月8日"瑞士铝业案"

Alitalia CE,Ass. ,3 février 1989　最高行政法院1989年2月3日"意大利航空公司案"

Alusuisse CE,8 juillet 2003　最高行政法院2003年7月8日"瑞士铝业案"

Ass. du quartier les Hauts de Choiseul CE,19 juillet 2010　最高行政法院2010年7月19日"舒瓦瑟尔高地地区协会案"

Ass. Greenpeace France CE, 25 septembre 1998　最高行政法院1998年9月25日"法兰西绿色和平协会案"

Ass. France nature environnement CE,26 juin 2019　最高行政法院2019年6月26日"法国自然环境协会案"

Ass. Stop THT CE,12 avril 2013　最高行政法院2013年4月12日"'拒绝中继天线'协会案"

---

* 案例表为译者制作。

Ass. Ban Abestos CE, 15 février 2006　最高行政法院 2006 年 2 月 15 日"反对石棉协会案"

Chassagnou c/ France CEDH, 29 avril 1999　欧洲人权法院 1999 年 4 月 29 日"查萨尼奥诉法国案"

Commune d'Annecy CE, 3 octobre 2008　最高行政法院 2008 年 10 月 3 日"安纳西市镇案"

Commune de Synthe CE, 19 novembre 2020　最高行政法院 2020 年 11 月 19 日"桑特市镇案"

Commune de Saint-Denis CE, 26 octobre 2011　最高行政法院 2011 年 10 月 26 日"圣丹尼市镇案"

Commune de Gassin CE, 12 février 1993　最高行政法院 1993 年 2 月 12 日"加桑市镇案"

CRILAN CE, 4 août 2006　最高行政法院 2006 年 8 月 4 日"核电反思、知情和斗争委员会案"

Département de la Savoie CE, 28 mai 1979　最高行政法院 1979 年 5 月 28 日"萨瓦省案"

Erika CJCE, 24 juin 2008　欧洲法院 2008 年 6 月 24 日"埃里卡案"

Gaucho CE, 26 juin 2019　最高行政法院 2019 年 6 月 26 日"高乔案"

Leloustre CE 16 juin 2010　最高行政法院 2010 年 6 月 16 日"勒卢斯特案"

M. Équipement c/APRON CE, 10 décembre 1994　最高行政法院 1994 年 12 月 10 日"取消许可案"

OGM CC, 19 juin 2008　宪法委员会 2008 年 6 月 19 日"转基因生物案"

Oçkan CEDH, 10 novembre 2004　欧洲人权法院 2004 年 11 月 10 日"欧萨案"

SA Rothmans CE, Ass., 28 février 1992　最高行政法院 1992 年 2 月 28 日"罗斯曼股份有限公司案"

Saran CE, 30 octobre 1998　最高行政法院 1998 年 10 月 30 日"萨兰案"

Soc. Néo Plouvien CE, 14 novembre 2012　最高行政法院 2012 年 11 月 14 日"新普卢维安公司案"

Tătar c/ Roumanie CEDH, , 27 janvier 2009　欧洲人权法院 2009 年 1 月 27 日"塔塔诉罗马尼亚案"

Union amis PNR gâtinais CE, 16 juillet 2012　最高行政法院 2012 年 7 月 16 日"加地奈大区自然公园之友联合会案"

Wattelez CE, 26 juillet 2011　最高行政法院 2011 年 7 月 26 日"瓦特雷斯案"

CE, 8 décembre 2017　最高行政法院 2017 年 12 月 8 日关于环境影响评价的判决

CE, 9 juillet 2021　最高行政法院 2021 年 7 月 9 日关于飞机夜间飞行的判决

CE, 28 mai 2014　最高行政法院 2014 年 5 月 28 日取消转基因玉米延期种植令的判决

CE, 17 décembre 2014　最高行政法院 2014 年 12 月 17 日判决

CE, 9 juillet 2021　最高行政法院 2021 年 7 月 9 日关于博韦机场夜间航班禁令的判决

CC, 31 janvier 2020　宪法委员会 2020 年 1 月 31 日判决（认定依据环境宪章，保护环境这一全人类共同财富构成具有宪法价值的目标）

CC, 8 avril 2011　宪法委员会 2011 年 4 月 8 日关于行政机关警惕义务的判决

CC, 19 mars 2021　宪法委员会 2021 年 3 月 19 日关于披露草甘膦除草剂所有风险信息的判决

C. cass., 17 décembre 2019　最高法院 2019 年 12 月 17 日判决

CJUE, 25 juillet 2018　欧盟法院 2018 年 7 月 25 日判决

CJUE, 8 novembre 2021　欧盟法院 2021 年 11 月 8 日判决

CJUE, 13 juin 2013　欧盟法院 2013 年 6 月 13 日判决

CJUE, 4 septembre 2014　欧盟法院 2014 年 9 月 4 日判决

CIJ, 31 mars 2014　海牙国际法院 2014 年 3 月 31 日"澳大利亚诉日本捕鲸案"

图书在版编目(CIP)数据

法国环境法/(法)雅克兰·莫朗-德维莱著;张莉译.
—北京:商务印书馆,2024
(自然与法律文库)
ISBN 978-7-100-22750-6

Ⅰ.①法… Ⅱ.①雅… ②张… Ⅲ.①环境保护法—法国 Ⅳ.①D956.526

中国国家版本馆 CIP 数据核字(2023)第 137624 号

权利保留,侵权必究。

自然与法律文库
法国环境法
〔法〕雅克兰·莫朗-德维莱 著
张 莉 译

商 务 印 书 馆 出 版
(北京王府井大街36号 邮政编码100710)
商 务 印 书 馆 发 行
北京中科印刷有限公司印刷
ISBN 978-7-100-22750-6

2024年1月第1版　开本 880×1230 1/32
2024年1月北京第1次印刷　印张 4½
定价:38.00元